ウィーン　ユダヤ人が消えた街

WIEN

EINE STADT, DIE IHRE JUDEN AUSLÖSCHTE

ウィーン
ユダヤ人が消えた街
オーストリアのホロコースト

野村真理 MARI NOMURA

岩波書店

序

本書がたどるのは、ホロコーストの嵐のなかでウィーンのユダヤ人社会が消えてゆく道程である。両大戦間期オーストリアのユダヤ人はほぼ首都ウィーンに集中しており、したがって本書は、「オーストリアのホロコースト」を語る歴史書に違いないのだが、はたしてその登場人物は、ホロコーストの執行者であるナチ・ドイツと犠牲者であるユダヤ人がすべてだろうか。

意外に思われるかもしれないが、ホロコーストの歴史研究が本格化するのは、一九八九年に始まる旧東欧諸国やソ連の体制転換後、九〇年代に入ってからである。もちろん、ラウル・ヒルバーグの大著『ヨーロッパ・ユダヤ人の絶滅』(望田幸男・原田一美・井上茂子訳、上・下巻、柏書房、一九九七年)の原書初版の出版は一九六一年であり、同書を先駆として、第二次世界大戦終結から半世紀のあいだに歴史家は、ホロコーストは、なぜ、どのように執行されたのか、という問いと格闘し、数多の研究成果を積み重ねてきた。しかし、とりわけ一九四一年六月の独ソ戦開戦後、旧ソ連のドイツ占領地で執行されたユダヤ人虐殺の実証的な研究は、当該地域の文書館史料が公開され、また研究者が自由に現地に行くことができるようになってはじめて本格的な研究の条件が整えられた。

さらに、こうした研究環境の変化は、ホロコースト研究の視点をも変えていった。それまでの研究は、どちらに主眼を置くかの違いはあれ、ナチ・ドイツという「執行者」とその「犠牲者」ユダヤ人との関係を軸として展開され(Täter/Opfergeschichte)、他方でホロコースト現地の人々は「傍観者」とされることで守られてきた。これに対して新たな研究動向は、ホロコーストをそれが起こった現地の歴史の流れのなかに埋め込み、ホロコーストと現地の人々との関係の問い直しを進めたのである。さらに、また、そのなかで明るみに引き出されたさまざまな事実、すなわち第二次世界大戦以前の現地に存在した苛烈な反ユダヤ主義や戦争中の現地住民によるホロコースト加担、戦後も根深く残存し続けた反ユダヤ主義など、これらの事実をめぐる議論は、職業歴史家にとどまらず、一般市民をも巻き込む広がりをみせた。体制転換後、とりわけ旧東欧諸国では、国家が独立した第一次世界大戦時に立ち返り、国民国家史の再構築と国民的自尊心の回復が進められたが、その途上の国民にとって、彼らの歴史の負の側面を白日の下にさらすような研究は、時として激しい反発を呼び起こした。

オーストリアはどうであろうか。

オーストリアのホロコースト研究も新たな動向と無縁ではない。しかし、オーストリアにおける転換は、時期的には旧東欧・ソ連の体制転換に先立ち、一九八六年のヴァルトハイム事件(第Ⅲ部第二章で詳述)によって始まる。元国連事務総長であったクルト・ヴァルトハイム(一九一八―二〇〇七)が一九八六年のオーストリア大統領選挙に出馬したさい、彼が元ナチの突撃隊員だったという事実や、第二次世界大戦中、バルカン戦線でドイツ国防軍の作戦参謀本部に将校として勤務していた事実が暴露され、ついには国外のユダヤ人団体からホロコースト関与疑惑までかけられるにいたったのだ。オーストリアの国民感情は、これを外国ユダヤ人による大統領選介入と見なし、激しく反発した。ヴァルトハイムは第六代オーストリア大統領に選出された。

しかし、このヴァルトハイム事件後、オーストリアは、自国史の検証を迫られることになる。はたしてホロコーストは、ナチ・ドイツによって外部から持ち込まれた「オーストリア史における逸脱」だったのか。周知といえば周知の事柄だったはずだが、一九三八年三月のドイツによる「合邦《アンシュルス》（Anschluß）」までに、オーストリアには自国独自の反ユダヤ主義の長い歴史があった。その歴史の上に国民はナチの反ユダヤ主義を受容し、経済や住居のアーリア化の受益者になった。合邦後、大ドイツ帝国の一部となったオーストリアの国民は、ドイツの被占領民ではない。親衛隊に入隊したオーストリア人は、ドイツ人と同格のホロコースト執行者だった。しかし、第二次世界大戦後のオーストリアは、ドイツの侵略によって独立を喪失したヨーロッパで最初の犠牲国を名乗る。この立場を揺るがすような自国の反ユダヤ主義の存在やホロコーストへの加担は、国家の都合によって「封印された過去」となった。

ウィーンのユダヤ人社会消滅の道程は、一九三八年三月の合邦に始まり、四五年のナチ・ドイツの敗北によって語り終わるのではない。道程には長い前史と後史があり、その両者を含めて「オーストリアのホロコースト」を描くこと――これが「第Ⅰ部　オーストリアの反ユダヤ主義」「第Ⅱ部　ホロコースト」「第Ⅲ部　二つの顔を持つ国」という三部構成をとる本書がめざしたことである。同時にまた本書は、「反ユダヤ主義」をキーワードとするオーストリア近現代史再考の試みでもある。

最後に、いくつかの用語について、その用法を断っておきたい。本書では、国民社会主義ドイツ労働者党をナチ党と略記し、ナチ党員や党の関連組織の構成員をナチと記す。「ホロコースト」は、狭義には一九四一年の独ソ戦開戦後に開始されたユダヤ人に対するジェノサイドを意味する歴史用語だが、ここではホロコーストを広義に解釈し、ドイツでナチが政権を掌握した一九三三年から第二次世界大戦が終結する四五年まで、職場からの追放、財産収奪、ゲットーへの隔離など、ユダヤ人の生存条件を奪うすべての迫害や、移住／国外追放をも含む語として使用する。

本書で悩ましいのが、「ユダヤ人」と「ユダヤ教徒」の使い分けだ。日本語では、前者は民族的帰属を表し、後者は宗教的帰属を表す語として区別されるが、欧米語では一語で両方を意味する。事実、一八世紀末にいたるまで、たとえばドイツ語で Jude と呼ばれた人々は、両者が分離しがたい「ユダヤ教徒／人」という存在のあり方をしていた。この分離が問題になるのは、ナショナリズムの世紀であった一九世紀からである。本書では、特に宗教的帰属を問題にしなければならない場合は「ユダヤ教徒」と記すが、それ以外で、文脈上、誤解が生じないと思われる場合は「ユダヤ人」を使用する。

本書は、以下の既発表論文をもとにして書かれている。論文段階では字数制限のために不十分であった記述を大幅に補い、不正確な記述は書き改めた。第Ⅰ部の第一章、第二章は、この度、新たに書き下ろした。言うまでもなくこれら研究業績はすべて、数多くの先行研究に支えられたものである。しかし、必ずしも歴史研究を専門としない読者には、先行研究の列挙や評価は読書の負担になるのではないかと思われる。そのため本書では、先行研究は、適宜、注でとりあげ、必要な場合にはコメントを添えた。

第Ⅰ部　オーストリアの反ユダヤ主義
『ウィーンのユダヤ人――一九世紀末からホロコースト前夜まで』(御茶の水書房、一九九九年)第三部。

「ウィーン・ユダヤ人の憂鬱」大津留厚編『「民族自決」という幻影――ハプスブルク帝国の崩壊と新生諸国家の成立』（昭和堂、二〇二〇年）第一章。

第Ⅱ部　ホロコースト

「ナチ支配下ウィーンのユダヤ人移住におけるウィーン・モデルとゲマインデ」『ユダヤ・イスラエル研究』第二八号、二〇一四年。

「正義と不正義の境界――ナチ支配下ウィーンのユダヤ・ゲマインデ」赤尾光春・向井直己編『ユダヤ人と自治――中東欧・ロシアにおけるディアスポラ共同体の興亡』（岩波書店、二〇一七年）第九章。

第Ⅲ部　二つの顔を持つ国

「二つの顔を持つ国――第二次世界大戦後オーストリアの歴史認識とユダヤ人犠牲者補償問題」弁納才一・鶴園裕編『東アジア共生の歴史的基礎――日本・中国・南北コリアの対話』（御茶の水書房、二〇〇八年）第二部第六章。

目次

第Ⅱ部　ホロコースト

第Ⅰ部　オーストリアの反ユダヤ主義

はじめに

二〇〇四年から一六年までオーストリア第二共和国の大統領を務めたハインツ・フィッシャー(一九三八―)は、それに先立つ一九九九年発売のCD[1]で、一九四五年に始まる第二共和国の歴史を振り返った。その冒頭でフィッシャーは、「歴史に公正などというものが存在するのかどうか、私にはわからない」と断りつつも、オーストリア第一共和国時代は、ほとんど何もかもがうまくいかなかった時代であったという。彼によれば、一九二七年七月の司法省の襲撃放火事件にしても、三三年三月の国民議会閉鎖にしても、三四年二月の共和国防衛同盟による武装蜂起や同年七月のナチ蜂起にしても、本来、起こるべきではないことが起こったのだ。そして最後に第一共和国はナチ・ドイツに合邦され、消滅してしまった。これに対して第二共和国は、新しい可能性の始まりの時代だったと位置づけられる。

確かに一九五五年に永世中立を宣言したオーストリアは、いまや中立に対する国際的理解も得て、ウィーンは国連都市になった。フィッシャーは社会民主党の政治家だが、彼のこうした歴史認識は、党派の違いを越え、現在もなお平均的なオーストリア人が支持する歴史認識でもあるだろう。

現在から遡ること約一〇〇〇年前にスイスで発祥したハプスブルク君主国は、オーストリアを中心に中部ヨーロッパで大帝国へと発展し、その最後に世紀末ウィーン文化を開花させた。この君主国と、第二次世界大戦後に永世中立国として安定したオーストリア第二共和国のはざまにあって、第一共和国の歴史には、フィッシャーが嘆く通り、ひたすら破局へと進むような切なさがつきまとう。しかし、国内の混乱はともかく、一九二九年に始まる世界恐慌も、ドイツにおけるアードルフ・ヒトラー(一八八九—一九四五)の台頭も、オーストリアが引き起こしたことではない。オーストリア政府がナチ・ドイツの侵略に対して可能なかぎりの抵抗を試みたことも事実である。第二次世界大戦後のオーストリアの自己認識によれば、一九三八年のドイツによる合邦は、外から自国に加えられた最大の不公正であった。

では、反ユダヤ主義はどうだろうか。ナチの反ユダヤ主義は、もっぱら外から持ち込まれたイデオロギーだと言い切ることができるだろうか。「序」で触れたヴァルトハイム事件以後、オーストリアに歴史的に存在した反ユダヤ主義は広く研究者の関心を集めたが、第一共和国期の反ユダヤ主義についていえば、いまもその全体像を明らかにするような研究が行われているとはいいがたい(2)。一因は、その性格の曖昧さゆえに、研究対象になりにくいことにある。オーストリアの反ユダヤ主義は、ナチの反ユダヤ主義と同質ではない。むしろ第一共和国期の反ユダヤ主義者たちは、成功しているかどうかは別として、みずからの反ユダヤ主義とナチの反ユダヤ主義との差異化に必死だった。しかし、彼らによって差異化されたはずのオーストリア流の反ユダヤ主義は、一九三八年に国境を越えてナチが押し寄せてきたとき、ナチ流の反ユダヤ主義に対して何の防波堤にもならなかった。

第I部では、第一章で一九世紀末のウィーンに遡り、近代的反ユダヤ主義言説の形成過程をその背景を明らかにしながらたどる。第二章では、一九世紀末からの連続性と断絶性とを意識しつつ、オーストリア第一共和国期における反ユダヤ主義の諸様相を検証する。最後に第三章では、反ユダヤ主義が招いたユダヤ人社会の政治的孤立と窮乏化を明らかにする。

（1）Die Geschichte der *II.* Republik. Teil 1: 1945–1972, erzählt von Dr. Heinz Fischer, Radio Österreich 1, 1999.

（2）オーストリア第一共和国時代を対象とする比較的最近の反ユダヤ主義研究として、Gertrude Enderle-Burcel u. Ilse Reiter-Zatloukal（Hg.）, *Antisemitismus in Österreich 1933–1938*, Wien/Köln/Weimar 2018. は、索引を含めて一一六七頁、全五八章からなる大著である。第一共和国の政治、経済、社会、学術、文化等のあらゆる領域において、またユダヤ人住民の有無にかかわらず共和国のあらゆる州において、いかに反ユダヤ主義が浸透していたかを明らかにしている。タイトルは「一九三三年から一九三八年まで」となっているが、事例によって記述は一九三三年より前に遡る。他に、ウィーン大学で蔓延した反ユダヤ主義および反ユダヤ主義的暴力の日常化については、Klaus Taschwer, *Hochburg des Antisemitismus. Der Niedergang der Universität Wien im 20. Jahrhundert*, Wien 2015. がある。同書は、第二次世界大戦後も教壇でユダヤ人に対する差別発言を繰り返したタラス・ホロダイケーヴィチ（一九〇二―一九八四）など、大学に残存し続けた反ユダヤ主義についても二章をあてている。

反ユダヤ主義の攻撃対象とされたユダヤ人の側についていえば、Frank Stern u. Barbara Eichinger（Hg.）, *Wien und die jüdische Erfahrung 1900–1938. Akkulturation–Antisemitismus–Zionismus*, Wien/Köln/Weimar 2009. が、世紀転換期から第一共和国時代まで、ウィーンのユダヤ人を取り巻く政治的、社会的状況と、それに対するユダヤ人の対応の多様性を明らかにしている。また、オーストリア版ファシズムとも評されるドルフス＝シュシュニク体制下のユダヤ人の状況については、一九七三年の出版ながらいまも参照される研究書として Sylvia Maderegger, *Die Juden im österreichischen Ständestaat 1934–1938*, Wien/Salzburg 1973. がある。

第一章　近代的反ユダヤ主義言説の形成

一　近代の成功者ユダヤ人

ユダヤ人社会の形成

一八四八年ウィーン三月革命の勃発からほぼ一年後の四九年三月四日、若き新皇帝フランツ・ヨーゼフ一世（一八三〇―一九一六、在位一八四八―一九一六）は、皇帝の名において憲法を発布した。この欽定憲法は、すべての国民に法のもとでの平等を保障した点で画期的であったが、革命の挫折が明らかになるなか、ついに発効することなく一八五一年末のジルヴェスター（大晦日）勅令によって廃止される。一七八〇年代に、啓蒙絶対主義君主ヨーゼフ二世（一七四一―一七九〇、在位（単独統治）一七八〇―一七九〇）の寛容令によって不十分ながらも着手されたユダヤ教徒の解放は、結局、一八四八年革命によっては実現を見ず、すべての国民に信仰の自由を保障した一八六七年一二月の憲法発布を待たねばならなかった。しかし、新絶対主義時代とよばれるはざまの一八五〇年代は、もはや一八四八年三月前期への回帰ではありえず、政治に先んじて経済政策では明確に自由主義市場経済への転換が進展する。一八五九年の営業法は、一部の分野を除き、営業規制や同業者組合規制を撤廃して営業を自由化した。一八五七年のウィーンの市壁撤去を命じる勅令は、その後、十数年にわたって続く都市改造と建築ブームに火をつける。ウィーンのユダヤ人社会の形成は、まさしくこの時期に始まった。

ウィーンでは、一六七〇／七一年にレオポルト一世(一六四〇―一七〇五、在位一六五八―一七〇五)によってユダヤ人追放が行われ、以後、一八四八年革命にいたるまでユダヤ人の居住が禁止された。とはいえ有力ユダヤ人の経済力は国家にとって不可欠であり、宮廷の商業・工業振興政策に協力する銀行家や大商人、工場主とその家族や使用人は、市内での居住を「寛容」された。ユダヤ人嫌いで知られたマリア・テレジア(一七一七―一七八〇、在位一七四〇―一七八〇)も、一七四九年に特別令を発して銀行家のユダヤ人をウィーンに住まわせ、マニュファクチュアを設立するよう促す。一八四八年革命中、労働者による機械打ち壊しにあった織布工場や捺染工場のいくつかは、グラニヒシュテッテンやヴァイス、ツァッペルト、エリアス・シュタイナー、ローゼンベルクなど、ユダヤ人実業家の所有であった[1]。あるいは一八三七年に始まる皇帝フェルディナント北鉄道の建設は、ドイツのフランクフルト・アム・マインのゲットーに発するロートシルト(英語称、ロスチャイルド)一族の一人、銀行家ザロモン・ロートシルト(一七七四―一八五五)の投資に負う。一八四八年革命当時でウィーン市内に居住するユダヤ人は、公式にはわずか一九七家族であった。しかし、実際には同時期、短期の滞在許可の更新を繰り返しつつ、あるいは滞在許可期限が切れたまま不法にウィーンに居座るユダヤ人は四〇〇〇人、リーニエの壁(ウィーンの市外区を取り巻く壁)の外に広がる工場や最下層の労働者が住む地区を含めれば、その数六〇〇〇人ともいわれるが、正確なことは不明である[2](地図1参照)。

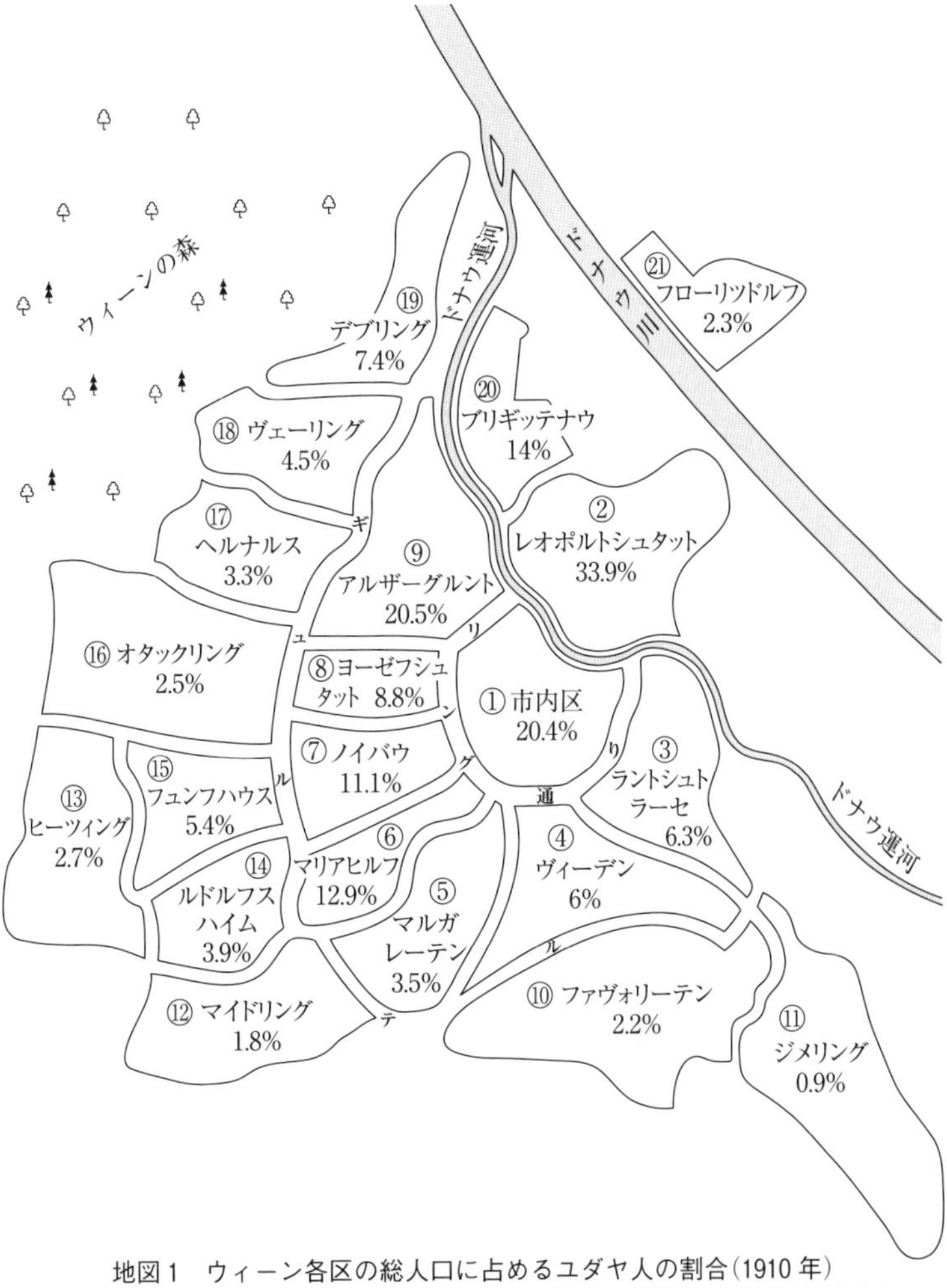

地図1　ウィーン各区の総人口に占めるユダヤ人の割合(1910年)

1848年革命当時のウィーンは，市内区を囲む「市壁」とその外側の市外区を囲む「リーニエの壁」で二重に取り巻かれていたが，1857年に市壁の撤去が決まった．市壁跡地にリング通りが敷設され，73年には，リーニエの壁の外側沿いにギュルテル(帯)と呼ばれる環状道路が開通する．そのリーニエの壁も94年に始まる工事で撤去され，ギュルテルは大幅に拡幅された．

出典：Ivar Oxaal and Walter R. Weizmann, The Jews of Pre-1914 Vienna: An Exploration of Basic Sociological Dimensions, in: *Leo Baeck Institute Yearbook XXX*, 1985, p. 413. より作成.

表1　ウィーンの総人口とユダヤ人人口の推移

年	ウィーンの総人口	ユダヤ人人口	ユダヤ人人口の割合(%)
1869	607,514	40,230	6.6
1880	726,105	73,222	10.1
1890	1,364,548	118,495	8.7
1900	1,674,957	146,926	8.8
1910	2,031,498	175,318	8.6

出典：Marsha L. Rozenblit, *The Jews of Vienna, 1867・1914*, Albany 1983, p.17.
1880年から90年に見られるウィーンの総人口の増加とユダヤ人人口の比率の減少は，ウィーンの市域拡大と，拡大地域にユダヤ人がほとんどいなかったことによる.

いずれにせよ一八五〇年代の経済活動の自由化に伴い、ユダヤ人に対する移動の制限も事実上撤廃されると、表1が示すように、ユダヤ人人口(ユダヤ教徒人口)はウィーン全体の人口増加を上回る勢いで増加した。ウィーンへの移住の先陣を切ったのは、ボヘミア(ドイツ語称、ベーメン)、モラヴィア(ドイツ語称、メーレン)のユダヤ人であり、それに続いたのが、現在のスロヴァキアにあたる上《かみ》ハンガリーおよび現在のオーストリアのブルゲンラントの一部にあたる西ハンガリーのユダヤ人である。同時期、過剰人口を抱える農村から都市に流入した農民が不熟練労働者として都市の最貧困層を形成したのに対し、伝統的に貨幣経済に携わってきたユダヤ人は、勃興期のウィーンの資本主義経済に比較的容易に適応した。ユダヤ人全体の経済的上昇は、高等教育への進学率の高さにも見てとれる。大学の場合は君主国の諸地域から集まるユダヤ人を含むため、大学への進学を前提とするウィーンのギムナジウムに占めるユダヤ人生徒数の割合を見ると、一八七五／七六年から一九〇〇／〇一年までほぼ三〇%で、(3) ウィーンの総人口に占めるユダヤ人の割合に比べ、約三倍であった。撤去された市壁と壁の外の空堀を埋めて敷設されたリング通り沿いには、大学、新市庁舎、議事堂といった新築の巨大建築物とともに、トデスコやエプシュタイン、ゴンペルツ、ヴェルトハイム、ケーニヒスヴァルター、エフルッシといったユダヤ人の銀行家や実業家一族の豪邸が並ぶ（地図1参照）。もとより彼らのような超富裕層は、ユダヤ人社会のなかでごく一握りでしかなかったが、人々の目に彼らの豪邸は、近代という時代とユダヤ人との「親和性」の象徴と映じた。

図1　ウィーン，リング通りのエフルッシ邸

エフルッシ家は，19世紀半ば，ウクライナのオデーサで穀物ならびに石油取り引きで富を築き，銀行業で成功して，パリ，ウィーンに支店を構えた．1938年3月のナチ・ドイツによるオーストリア合邦後，ウィーンの一族の財産や邸宅はナチに接収されたが，パリの一族から贈られた日本の根付のコレクションはそれを免れ，戦後は東京に渡った．エフルッシ一族と根付がたどった数奇な運命については，エドマンド・ドゥ・ヴァール『琥珀の眼の兎』（佐々田雅子訳，早川書房，2011年）に詳しい．（Peter Haas/CC BY-SA 3.0, via Wikimedia Commons）

「変えようのないことを忘れる人は幸せ」

一八六七年、ハンガリー王国の基本的独立を承認するアウスグライヒ（和協）締結によって成立した同君連合国家、オーストリア＝ハンガリー二重君主国において、一八六〇年代後半の年間経済成長率は八％から一〇％を記録する。一八七〇年五月二四日、普墺戦争敗北からの立ち直りを期し、フランツ・ヨーゼフ一世によってウィーン万国博覧会開催の決定が発表されると、ウィーンでは多数のにわか建設会社が設立され、街は投機熱に沸き立った。そのバブルがはじけたのは、一八七三年五月一日に万国博覧会が開幕してまもなく、五月九日の金曜日である。ウィーン証券取引所では、朝から株価の大暴落に歯止めがかからず、取引所は昼過ぎには閉鎖された。万国博覧会は予定通り続けられたものの、開会中にコレラが流行して入場者は予測をはるかに下回り、大赤字を残して一〇月末に閉幕した。一八七三年から長期にわたって続いた不況は、世界的な構造不況の一環であったが、次々に銀行や会社が倒産して失業者が街にあふれ、投機に失敗した者が自殺する様は世紀末の到来を思わせた。「変えようのないことを忘れる人は幸せ」と歌うヨハン・シュトラウス二世(一八二五―一八九九)のオペレッタ『こうもり』の初演は一八七四年である。

政治的には、アウスグライヒ後のオーストリア(公文書では「帝国議会に代表を送る諸王国と諸領邦」[4])で主導権を握ったのは、反封建、反教権を掲げるドイツ人リベラリストの陣営、すなわちドイツ自由派である。この時代にめざされたのは、政治的、経済的自由主義の促進であり、ドイツ自由派の支持者は、その恩恵を受けた上・中流のブルジョワ階層であった。しかし、一八七三年のバブルの崩壊は、一八四八年革命後、景気の変動はありながらも成長を続けてきた資本主義経済の負の側面をあらわにする。市場において、自由な競争における勝者が富を築く一方、敗者は「貧困になる自由」のもとに放置された。労働者は富の配分にあずかれず、劣悪な環境での長時間労働を強いられ、不況で解雇されると、失業者の救済は私的な慈善事業にゆだねられた。不況下で進行した資本や生産の集積、産業の高度技術化への転換のなかで、小営業者や手工業者も淘汰されるままだった。

二　大衆政党の登場 ——社会民主党とキリスト教社会党

こうした小市民や労働者の苦境と政府の無策は、貧困を社会問題として解決しなければならないという認識の拡大を促し、彼らの声をくみ上げる大衆政党が登場する。さらに自由主義的経済政策に対する不満の矛先は自由主義一般にも向かい、自由主義は個人の利己主義と等置された。そして自由主義批判はまた、自由主義の受益者と見なされたユダヤ人へと向かい、ユダヤ精神と利己主義を等置する近代的反ユダヤ主義言説を生み出す。順に見ていきたい。

社会民主党

立憲君主制下で、主として工場労働者を対象とする社会主義労働者運動は、一八六七年設立の労働者教育協会等を足場として進められた。しかし、運動は、ラッサール派、アイゼナハ派などイデオロギーを異にする党派に分裂し、一八七三年恐慌後の苦境期にあって労働者の期待に応える活動を行うことができなかった。ようやく党派対立を乗り越え、一八八八年末、ハインフェルト党大会（一八八八年一二月三〇日から翌年一月一日まで）で統一されたオーストリア社会民主労働者党（以下、社会民主党と記す）の結党にこぎつけたのは、ヴィクトール・アドラー（一八五二―一九一八）の尽力によるところが大きい。一八九六年の選挙法改正により、それまでの四つの選挙人区分《クーリエ》に加えて二四歳以上の男性からなる「一般選挙人」の第五クーリエが導入されたが[5]、社会民主党を中核とする社会民主主義陣営は、翌一八九七年の帝国議会選挙では、総議席四二五中一五議席を獲得したにすぎなかった。しかし、クーリエという選挙人区分がすべて廃止され、男子普通選挙が実現された一九〇七年の帝国議会選挙では、躍進して八七議席を獲得する。

社会民主党は、当面の目標として、労働者保護立法や八時間労働制、児童労働の禁止、義務教育の無償化、選挙法改正など、現存の議会政治と経済制度のなかでの労働者の労働・生活条件の改善をめざしたものの、党の最終目標は、生産手段の社会化による既存の政治・経済体制の根本的変革であった。資本家に対する労働者の経済的従属、貧困、恐慌といった資本主義社会で発生する諸問題は、資本主義のメカニズムそのものによって発生すると考えるからであり、資本主義に対する彼らの批判には、理論的には反ユダヤ主義が入る余地はない。

キリスト教社会党

他方で同時期、社会主義労働者運動に対抗しつつ立ち上がったのがキリスト教社会運動である。カトリック陣営について見れば、フランス革命後、ヨーロッパでは、地域によって程度や速度に差はあれ、政教分離や教育の世俗化、信仰の自由の保障が確実に進展したのに対し、教皇は、自然主義、合理主義、宗教的寛容といった近代的な思想や文化のことごとくを否認する態度を崩さなかった。とりわけ一八四八年革命を機に極端に保守化したピウス九世(一七九二―一八七八、在位一八四六―一八七八)は、一八六四年一二月、カトリックが誤謬《ごびゅう》と見なす八〇の命題を連ねた「誤謬表」を発表する。その第八〇命題において、「教皇は、進歩や自由主義、現代文明と和解し、一致することができ、またそうしなければならない」という命題は誤謬とされた。

しかし、深刻な労働者問題が社会主義労働者運動を活発化させていることに対する危機感が、教皇に態度の転換を迫ることになる。一八七八年に即位したレオ一三世(一八一〇―一九〇三、在位一八七八―一九〇三)が九一年五月に発した回勅「レールム・ノヴァールム」[6]は、教皇が自由主義に支えられた現存の資本主義社会を原則的に承認した点で画期的であった。その上で、教皇は、劣悪な労働環境や衛生環境、長時間にわたる労働、児童や女性の無保護、不適正な賃金等を例示し、こうした資本主義社会において発生する労働者問題の解決は個人や教会による慈善事業だけでは不十分であり、場合によっては国家の介入が必要であるとした[7]。

レオ一三世の回勅が発せられた背景を、その四〇周年を記念する一九三一年五月の回勅「クアドラゼジモ・アンノ」でピウス一一世(一八五七―一九三九、在位一九二二―一九三九)は、次のように述べる。

一九世紀の終わり頃、経済の深化と産業の新たな発展とのために、ほとんどすべての国家において、社会は二つの階級に分裂する傾向をますます強めていった。すなわち、一方では、少数の富者が現代の発明によってきわめて豊富に提供されるほとんどすべての安楽を享受し、他方では、おびただしい労働者の群衆が苦悩に満ちた困苦に追い込まれ、そこから抜け出そうともがいても、徒労に終わっていた。

この世の財宝を豊かに恵まれている人々は、この状態を何の苦もなく肯定していた。事実、彼らは、この状態は経済の法則の必然の結果であると考え、不幸な人々の苦しみを軽減する配慮をことごとく愛徳にゆだねていた。彼らは、立法者が容認し、ときには認可さえ与えているこの正義に対する侵犯を補償するのは、愛徳の任務であると考えているかのようであった。しかし、このような事態によって苛烈な試練を受けている労働者は、これを堪えがたく思い、その重苦しい頸木をこれ以上負うことを拒んでいた。彼らのうちには、邪悪なすすめにそそのかされて激昂し、社会を全面的に転覆させようと熱望している者もあった。そして、キリスト教的教育のおかげでこのような邪悪な誘惑に陥らなかった者も、深刻な改革が焦眉の急であることを確信していた。(8)

ウィーンでは、こうした危機認識の共有のもとでのキリスト教社会運動は、「オーストリアにおける労働者身分の経済的状況」(一八八四年)等を著し、労働者のための社会改革を唱えたカール・フォン・フォーゲルザング(一八一八―一八九〇)を思想的出発点とする。一八八七年、彼の影響を受けたルートヴィヒ・プゼンナー(一八三四―一九一七)らがキリスト教社会協会を設立し、これが後のキリスト教社会党の母体になった。キリスト教的社会改革において志を同じくする者たちは、一八八九年一月からホテル「金鴨亭」で定期的に開催された「鴨の夕べ」に集まり、社会問題について自由討論を重ねる。キリスト教社会党の指導者となるカール・ルエーガー(一八四四―一九一〇)も鴨の夕べのメンバーであった。鴨の夕べは、フォーゲルザングのイニシアティヴのもとで始まったが、一八九〇年の彼の死後、影響力を持ったのは、ウィーン大学の道徳神学の教授でカトリックの聖職者でもあったフランツ・マルティン・シンドラー(一八四七―一九二二)である。キリスト教社会協会が一八九一年の帝国議会選挙に臨むにあたり、選挙綱領を作成したのもシンドラーであった。キリスト教社会党の設立年については見解がわかれるが、一説では、この一八九一年が設立年とされる。(9)

三　キリスト教社会党の反ユダヤ主義

「誰がユダヤ人かは私が決める」

キリスト教社会運動の際立った特徴は、社会主義とは異なり、恐慌の発生や労働者の貧困、小営業者の没落等の原因を資本主義のメカニズムそのものに求めず、資本主義を支える自由主義が物質主義、利己主義へと堕落したことによって発生すると唱えることである。そして、その堕落を引き起こし、そこから利益を得ているのが、まさしく物質主義、利己主義を特徴とする「ユダヤ精神」の持ち主であるユダヤ人だと、非難の矛先をユダヤ人に向けることだ。キリスト教社会党の創設にかかわったカトリックの聖職者カール・シュヴェヒラー（一八六九―一九二七）は、一九一八年末にキリスト教社会党の理論誌『フォルクスヴォール〔国民の幸福〕』で、草創期のキリスト教社会運動を振り返って次のように述べる。

〔自由主義時代のユダヤ勢力の増長は雪だるま的であったが、〕自由主義の指導者たちは、資本主義の発展のおかげで富と権力を手に入れたユダヤ勢力はドイツ民族と融合し、やがて彼らの性格的特異性をそぎ落とすであろう、と考えていた。しかし、この希望は、まったくかなえられなかった。ウィーンにおいてユダヤ勢力は、**異質な集団**であり続けている。そして、ユダヤ勢力が強力になり、その影響力が増すにしたがい、彼らの人種と不可分に結びついたその性格的特徴もますます目立つものとなった。〔中略〕ユダヤ人は無制約の資本主義の熱狂的な擁護者となり、新経済時代の水脈を自分の水車へと引き込んだのである。(10)

こうした理論的には荒唐無稽な反ユダヤ言説が、なぜ非ユダヤ人のあいだで、さしたる違和感もなく聞く耳をもたれたのだろうか。

まず指摘できるのは、貨幣を稼いで蓄積する行為を否定的にとらえるキリスト教の社会倫理思想の存在と、貨幣にかかわるのはユダヤ人という、近代以前のユダヤ人イメージの残存である。実際、近代以前のキリスト教ヨーロッパ世界では、銀行業や両替、あるいは他人が生産したものを貨幣で仕入れ、それを高値で転売するなど、貨幣で貨幣を稼ぐ商売に深くかかわってきたのはユダヤ人であり、貨幣経済とユダヤ人との特殊な結びつきは、それなりの歴史的実態を伴って共有されたイメージであった。近代とは貨幣経済が全面化した時代であり、もはや万人が貨幣にかかわらずには生きていけない時代だが、貨幣経済をユダヤ的＝非キリスト教的にとらえる感覚はキリスト教徒のあいだに残り続けた。

第二に指摘できることとして、一八四八年革命後のウィーンで、ユダヤ人が全体的に見て経済的上昇を遂げたのは否定できない事実であった。もちろんシュヴェヒラーのように、この時期に儲けたのはユダヤ人だけであるかのように言い立て、しかも彼らがキリスト教徒の犠牲の上に金を稼いだとする反ユダヤ主義者の主張は誤りである。しかし、ユダヤ人がわずか半世紀前まで被差別民であったことを考えれば、リング通りの豪邸や、医師や弁護士、あるいは世論をリードするジャーナリストとして活躍する者たちの存在は、人々に彼らの社会的進出を強く印象づけずにはおかなかった。一九〇七年選挙で社会民主党に対抗するキリスト教社会党陣営は、スロヴェニアのカトリック人民党その他と連携し、五一六議席中九六議席という最大多数を獲得する。

では、キリスト教社会党の反ユダヤ主義は、キリスト教的、経済的反ユダヤ主義と特徴づけることができるとして、民族的・人種的反ユダヤ主義でもあるのだろうか。

一九〇七年選挙を前にした党のマニフェストでは、「キリスト教社会党はドイツ人の政党であり、つねにドイツ民族の思想的また物質的財産擁護の立場にたつ(11)」と、党が明確にドイツ人の政党であることが宣言されている。この「ドイツ人」にユダヤ人が含まれないことは、一見、自明のようだが、実はそれほど自明というわけでもなかった。

一般的な理解によれば、人種は遺伝によって伝わる生物的特徴を共有する人間集団の分類を意味し、民族は、歴史的に形成された文化的共通性に基づく人間集団の分類を意味する。民族文化や民族気質といったものは、言葉によって学習され、伝承されるものであり、遺伝によって伝わるものではない。これに対して『一九世紀の基礎』(一八九九年)を著したヒューストン・スチュアート・チェンバレン(一八五五―一九二七)など、ヨーロッパで一九世紀後半から盛んになる似非《えせ》科学的人種主義の特徴は、そうした民族性を人種的にとらえることである。すなわち民族的・人種的反ユダヤ主義者によれば、物質主義、利己主義はユダヤ人の民族的にして人種的特性であり、たとえユダヤ人がキリスト教に改宗しても変えようのないものであった。

キリスト教社会党はカトリックの政党だが、カトリックは、人種の存在を否認しない一方、公式には人種に基づく差別は否認する。では、ドイツ文化に同化し、キリスト教に改宗したユダヤ人は、「ドイツ民族の思想的また物質的財産擁護の立場にたつ」党において、ドイツ人の平等な仲間に入れてもらえるのだろうか。「ユダヤ精神」を攻撃する同党の反ユダヤ主義者の回答は、各人ごとに矛盾に満ちたものだった。一八九七年にウィーン市長になったルエーガーは、市電網を整備し、電気やガス事業を市営化し、また職業斡旋や救貧などの社会政策を推進した。自他ともに公然たる反ユダヤ主義者で知られるルエーガーは、そのさい、みずからの政策実現にあたってユダヤ人と交際することも、ユダヤ人の資本家から資金援助を得ることも厭わなかった。これを批判されるとルエーガーは、「誰がユダヤ人かは私が決める」と述べたとされる。

多民族国家の反ユダヤ主義

もう一点、注意すべきことは、キリスト教社会党はあくまでもハプスブルク君主国に忠実な政党であったことである。君主の統《す》べる多民族国家においてドイツ人は、支配民族であるといえども、チェコ人に対してであれ、ユダヤ人に対してであれ、彼らがドイツ人とは異なると見なす人々に向かって君主国への帰属を問題視したり、君主国からの排除を唱えたりする権限は持ちえない。この点は、理念においてドイツ人の国民国家であるドイツ帝国と大きく異なる。ドイツ統一の過程でナショナルな反ユダヤ主義が台頭したドイツでは、反ユダヤ主義者は、彼らの国民国家においてユダヤ人は正規の国民となる資格を持たないと主張した。(12) これに対して君主国は、ハプスブルク家の家領の拡大によって形成された。君主国の統合はナショナリズムによらず、統合の中心は君主である。臣民は君主のもとで平等であった。

ドイツとの比較でいえば、君主国にあって、ナショナルな反ユダヤ主義において徹底していたのはゲオルク・フォン・シェーネラー(一八四二―一九二一)らの運動である。

シェーネラーは恐慌勃発の年である一八七三年、ドイツ自由派陣営の進歩党から帝国議会に選出された経歴を持ち、それゆえこの運動に集まったのは、一方では、労働者のためのラディカルな社会政策、選挙権の拡大、出版・集会の自由、教育と教会の分離を求めるドイツ自由派の左派であったが、他方では、彼がドイツ民族主義色を強めてゆくにしたがい、既存のドイツ自由派がドイツ人の民族的利害を代表していないことに不満をいだくドイツ民族主義者のグループでもあった。というのも後者についていえば、一八四八年ウィーン三月革命を出発点とするドイツ自由派は、ハプスブルク君主国におけるドイツ文化の優越性を確信していたが、その出発点においては狭隘なドイツ民族主義を標榜する党派ではなかったからである。アウスグライヒ後のオーストリアで、あくまでもドイツ人が帝国議会の議席の過半数を確保できるように設計された制限選挙のもとで彼らの政治上の優位が安泰であるあいだ、彼らはドイツ民族主義より法のもとで個人の自由と平等を尊重する自由主義に高い価値を見出し、多民族共存の君主国の支持者であった。ユダヤ人解放は自由主義の賜物であり、ウィーンのユダヤ人ブルジョワのほとんども、ドイツ自由派の熱心な支持者であった。

しかし、一八七九年の帝国議会選挙でドイツ自由派が議席を半減させ、チェコ人が民族的要求を強めるなか、カトリック保守派のエドゥアルト・ターフェ(一八三三―一八九五)は、封建派と呼ばれた地主層やカトリック教会、チェコ(ベーメン)やガリツィアの保守的民族政党と連携してドイツ自由派を包囲する「鉄の環《わ》」内閣を組織し、チェコ人への宥和政策へと舵を切る。そのため、オーストリアにおいてドイツ人の政治的、経済的、文化的優位性が失われることに危機感を抱いたドイツ民族主義者の一部は既存のドイツ自由派を離れ、シェーネラーのもとに集まったが、一八八二年にリンツで採択された彼らの綱領では、運動の重点はなお社会政策的要求におかれていた。確かにドイツ語を帝国の国家語にすることを求めるなど、ドイツ民族主義的要求も盛り込まれたものの、この時期までは、ユダヤ人で、後にオーストリア社会民主党の創設者となるヴィクトール・アドラーもシェーネラーの運動の同道者であった。

ところがシェーネラーが人種的反ユダヤ主義への傾斜を強め、一八八五年、リンツ綱領にユダヤ人のあらゆる公的領域からの排除を要求する一項を追加したことによって、運動は決定的に分裂する。アドラーはもとより、ユダヤ人のドイツ民族主義者、ハインリヒ・フリートユング(一八五一—一九二〇)も運動を去ることを余儀なくされた。キリスト教社会党と異なり、反オーストリアで、既存の国境を越えた全ドイツ系民族の統合を志向する全ドイツ主義の立場に立つシェーネラーの反ユダヤ主義は、きわめて明快である。彼は、多民族国家オーストリアを解体して、オーストリアのドイツ的部分がドイツ帝国と一体となることを求め、ユダヤ人は、このドイツ人の民族国家の一員にはなりえないと主張した。しかしながら、ハプスブルク家とローマ・カトリックに敵対し、プロテスタントのプロイセンのヴィルヘルム一世(一七九七—一八八八、在位一八六一—一八八八)やオットー・フォン・ビスマルク(一八一五—一八九八)を崇拝するシェーネラーの一派は、オーストリアで大衆の人気を得ることはできなかった。人々はフランツ・ヨーゼフ一世とカトリック教会に忠実であった。シェーネラーの主張が現実性を伴って復活するのは、第一次世界大戦後のことである。

(1) 増谷英樹『ビラの中の革命――ウィーン・一八四八年』東京大学出版会、一九八七年、二二五頁。
(2) 野村真理「補論　一八四八年三月前期ウィーンのユダヤ人社会」(『ウィーンのユダヤ人――一九世紀末からホロコースト前夜まで』御茶の水書房、一九九九年、所収)を参照。
(3) Marsha L. Rozenblit, *The Jews of Vienna 1867・1914. Assimilation and Identity*, Albany 1983, p. 104–105.
(4) 一七八九年のフランス革命後、ナポレオンによるドイツ支配の進行により、神聖ローマ帝国の存立は、もはや風前の灯のごとくになった。そのため神聖ローマ帝国皇帝フランツ二世であったハプスブルク家のフランツは、一八〇四年に「オーストリア皇帝フランツ一世」として即位し、一八〇六年に神聖ローマ帝国皇帝を退位して、ここに同帝国は消滅した。このフランツ一世の「オーストリア」の版図にはハンガリー王国も含まれる。そのためアウスグライヒ後のオーストリア＝ハンガリー二重君主国において、ハンガリー以外の地域は公式には「帝国議会に代表を送る諸王国と諸領邦」とされたが、政治家や官僚のあいだでは、両地域の境界の一部を流れるライタ川から名をとり、前者のハンガリーに対しては「ライタ以東《トランスライタニア》」、後者に対しては「ライタ以西《ツィスライタニア》」という通称が使用された。しかし、後者に対しては、「オーストリア」という呼称も一般的に使用された。本書も誤解が生じない限りでこれに従う。
(5) 一八七三年の選挙法改正後、選挙人は身分と財産に基づき、「大地主」「都市」「商工会議所」「地方共同体(大・中の農業者)」の四つのクーリエに分けられ、クーリエごとに選出できる議員数が割り当てられていた。クーリエ制度については、本書第I部第三章第二節で再述する。
(6) レオ十三世『レールム・ノヴァルム――労働者の境遇』岳野慶作訳解、中央出版社、一九六一年。
(7) しかし、教皇は、問題の解決を全面的に国家にゆだねる社会主義は誤りであり、原則的には労資の自発的な協調や、労働者の自発的な互助組織である職業組合や労働組合を通じての解決が望ましいとする。また組合には労働者だけで組織されるものと、労働者と使用者が合同して組織されるものがあるが、教皇はその両者を肯定している。前掲注(6)『レールム・ノヴァルム』一二一頁以下を参照。

(8) ピオ十一世『クアドラゼジモ・アンノ――社会秩序の再建』岳野慶作訳解、中央出版社、一九六六年、八―九頁。

(9) キリスト教社会運動のさまざまなグループが合同した一八九三年、あるいは綱領的決議が採択された一八九五年を党の設立年とする見解もある。

(10) Karl Schwechler, Aus der Entwicklungsgeschichte der christlich=sozialen Partei, in: *Volkswohl. Christlich=soziale Monatsschrift*, Jg. 9, Heft 11/12, 1918, S. 283.〔 〕内は引用者による補足(以下同)。太字は、原文では隔字体で強調されている。

(11) Klaus Berchtold (Hg.), *Österreichische Parteiprogramme 1868–1966*, München 1967, S. 176.

(12) 野村真理「近代ヨーロッパとユダヤ人」(木畑洋一・安村直己責任編集『岩波講座 世界歴史』第一六巻、岩波書店、二〇二三年、所収)を参照。

第二章　両大戦間期オーストリアの反ユダヤ主義

一　反ユダヤ主義言説の転換

ハプスブルク君主国解体

一九一四年六月二八日、ボスニア・ヘルツェゴヴィナの首都サラエヴォでとどろいた一発の銃声は、オーストリア＝ハンガリー二重君主国の帝位ならびに王位継承者、フランツ・フェルディナント大公の軍服を血で染めた。大公暗殺は、ロシア帝国からイギリスまで、ほとんどヨーロッパ全域を巻き込む第一次世界大戦の発端となり、また、君主国解体の発端ともなる。戦争終結後、旧君主国の版図には、ハンガリー、オーストリア、チェコスロヴァキアという国民国家が誕生し、一八世紀末のポーランド分割によって領有したガリツィアは、独立を回復したポーランドに復帰した。

前章で述べたように、ハプスブルク家の家領の拡大によって形成されたハプスブルク君主国において、国家の統合はナショナリズムによらず、臣民は一人の君主のもとで平等であった。これに対して特定の民族の名を冠した後継諸国家で問われたのは、国家名とは異なる民族が国家内に存在することの正当性である。実際には、後継諸国家はどれも小さな多民族国家であったが、そこでの他民族の存在は、「少数民族問題」として「問題化」されることになった。第一次世界大戦後の国家と民族の関係の変化は、後継諸国家のユダヤ人のあり方にも、反ユダヤ主義の言説にも、転換をもたらす。

オーストリアについていえば、第一次世界大戦中、東部のガリツィア戦線で発生したユダヤ人戦争難民の大量流入は、すでに戦争中からウィーン市民の反ユダヤ感情をあおった。難民流入の影響は、戦後のウィーンのユダヤ人人口にも見てとれる。一九一〇年に一七万五三一八人であったユダヤ人人口(ユダヤ教徒人口)は、一九二三年には二〇万一五一三人(ウィーンの総人口の一〇・八%)に増大した(1)。これがピークであり、その後は、国外移住、人口構成の高齢化による出生率の低下と死亡率の上昇によって減少に転じた。

この第一次世界大戦の戦中、戦後のガリツィア・ユダヤ人戦争難民問題と、戦後の反ユダヤ主義言説の過激化は、テーマ的には拙著『ウィーンのユダヤ人』(一九九九年)の第二部と重なる。そのため本章では、両大戦間期オーストリアの反ユダヤ主義の山を二つにわけ、第一に、戦争終結直後から一九二三年頃まで、反ユダヤ主義がユダヤ人難民に対する攻撃として展開された時期について述べ、第二に、一九三〇年代にナチが活動を活発化させ、最終的にナチ・ドイツとの合邦へといたる時期について、その反ユダヤ主義の特徴を検証するが、第一の時期については拙著の参照にゆだねて要点の再述にとどめ、検証の重点は後者におく。オーストリア・ナチが路上に姿を現すのは、まさしくこの二つの山のあいだの時期であった。

オーストリア共和国の誕生

第一次世界大戦でオーストリア＝ハンガリー二重君主国の敗戦を決したのは、一九一八年一〇月二三日に始まるイタリア戦線最後の戦闘、ヴィットリオ・ヴェネトの戦いである。しかし、君主国の崩壊はその前から始まっていた。一〇月一六日にカール一世(一八八七―一九二二、在位一九一六―一九一八)は、君主国を諸民族の連邦国家に改変するとの声明を発する。これは、君主国の国政改革をめぐる過去の長い議論を踏まえる一方、同年一月にアメリカ大統領ウィルソンが「一四カ条」で示した君主国における諸民族の「自治的発展」の要求に応じるものでもあったが、もはや声明に耳を傾ける民族はなかった。ウィーンでは、一〇月二一日、帝国議会のドイツ人議員がニーダーエスターライヒ州議会場に集まり、旧オーストリアのドイツ人をまとめて国民国家を建国するため、ドイツオーストリア暫定国民議会を発足させる。議会の構成は、総議員数二三二人のうち、ドイツ民族派が一〇二人、キリスト教社会党が七二人、社会民主党が四二人、その他が一六人で、社会民主党は少数派でしかなかったが、一九一九年のサン・ジェルマン条約後にその名が確定されるオーストリア共和国の樹立をリードしたのは社会民主党であった。

第一次世界大戦も末期になると、極度の飢餓に苦しむ銃後では厭戦気分が蔓延する。一九一八年一月一四日、政府が小麦粉の配給量削減を告知すると、ウィーン南方の都市、ヴィーナー・ノイシュタットではダイムラーの工場労働者がストライキに突入した。ストライキは市の周辺の工場からオーストリア各地に飛び火し、一月一九日のピーク時までに約六〇万人の労働者が持ち場を離れる(2)。彼らは食料事情の改善のみならず、戦争の即時終結を求め、大規模な職場ではロシア革命をモデルとする労

図2　カール・レンナー，1920年

働者評議会《レーテ》が結成された。反乱は各地に駐屯する兵士にも波及する。一月のストライキは社会民主党が事態の収拾に動いたことで終息し、兵士の反乱も軍隊によって鎮圧されたが、「革命的」な動きそのものが消えたわけではない。敗戦後は君主国崩壊の混乱のなか、ウィーンでは大規模な労働者のデモが発生する。東部戦線でロシア革命の影響を受けた帰還兵を中心に赤色革命をめざす赤衛隊が編成され、一一月三日にはオーストリア共産党が結成された。こうした危機的な状況のもと、組織労働者に強い影響力を持つ社会民主党に期待されたのは、急進左翼の運動を抑え込み、事態の革命化を阻止して秩序を確立することである。そして、この点でカール・レンナー（一八七〇－一九五〇）に率いられた社会民主党は現実主義的に行動し、期待に応えたといってよいだろう。

赤衛隊は、一九一八年一一月一二日に国会議事堂前で開催されたドイツオーストリア共和国設立宣言[3]のセレモニーのさい、武装蜂起して国会内突入を試みるものの失敗する。議事堂前に参集していた社会民主党系の労働者は、赤衛隊には同調しなかった。翌一九一九年三月にハンガリーでは共産党が実権を握る評議会《タチーナ》共和国が樹立され（同年八月一日崩壊）、四月にはミュンヘンで同じく共産党によるバイエルン評議会共和国設立が宣言されると（同年五月はじめに消滅）、オーストリア共産党もそれに呼応して活動を活発化させ、赤衛隊は四月一七日に再び国会突入を試み、六月一五日には街頭で革命的蜂起を企てるが、いずれも死者や負傷者を出しながらも一日で鎮圧された。六月一五日以後、もはや共産党が政治的影響力を持つことはなかった。

ガリツィア・ユダヤ人戦争難民問題

むしろ一九二三年頃まで長期にわたり、ウィーンの路上で繰り返し騒動を引き起こしたのは反ユダヤ主義者だった。この時期、攻撃対象とされたのはガリツィアから来たユダヤ人難民である。彼ら難民に対しては、政治的党派を超え、ウィーンのユダヤ人市民のあいだにさえ、彼らを厄介者扱いする雰囲気があったことは否めない。

一九一四年八月、第一次世界大戦開戦後まもなく、オーストリア＝ハンガリー軍はガリツィアに攻め込んだロシア軍に完敗し、九月にはガリツィア、ブコヴィナのほぼ全域がロシア軍の手に落ちた。この戦闘の過程で、さらにまた、その後一年近くにわたったロシア軍の占領下で大量の戦争難民が発生する。最も多くの難民が流れ込んだ帝都ウィーンでは、一九一五年三月末時点で、国家が把握している者だけでその数一五万三〇〇〇人にのぼった。これに国家が把握していない多数の者たちが加わる。一五万を超える難民にはポーランド人やウクライナ人も含まれるが、ウィーンに集中する難民のうち、半数を下回らぬ者たちがユダヤ人と推定された(4)。

一九一五年夏にオーストリア＝ハンガリー軍がドイツ軍の援軍を得てガリツィアの失地を回復した後、特に戦争末期の一九一八年春に入ると難民のもとの居住地への帰還が精力的に進められたが、同年一一月に戦争が終結した後も、戦火で何もかも破壊されたガリツィアに戻ることを望まぬ難民は少なくなかった。しかし、戦争が終わり、ガリツィアが独立を回復したポーランドの領土となったいま、ウィーン市民にとってガリツィアから来た難民は、もはや同情すべき同胞ではなく、迷惑な外国人でしかなくなる。ところが第一次世界大戦後のポーランドでは、ポーランド・ナショナリズムに煽られた住民のユダヤ人に対するポグロムが頻発し、ガリツィアから新たなポグロム難民がウィーンに到着する始末だった。一九一八年一二月四日付けのウィーン第二〇区ブリギッテナウ地区警察による「世論報告」は、次のように記す。

ガリツィアでの状況の結果、再びそこから難民が押し寄せており、これに対して住民は非常に憤慨している。食料の配給にこれ以上の困難をきたさないよう、人々は、国境を封鎖し、いまや外国人となったガリツィア難民の流入を防げと要求している。(5)

一九一九年二月四日、キリスト教社会党議員のアントーン・イェルツァベク(一八六七―一九三九)ら一九名は、暫定国民議会に対し、ウィーン市民を「保護」するための法案を提出する。その理由は次のように説明された。われわれの方こそ彼ら難民から「保護」されなければならない、というのが彼らの言い分だった。

わが国民が飢餓破局の淵にあり、市や町の当局が一日一日、必要最小限度の食料も供給できないでいるということ、このことは世界中が知っている。また、いたる所で住宅が不足しており、戦線から帰還したわが兵士たちが、わが国に本籍を持つ者たちであるにもかかわらず、仮設小屋に収容されなければならないということ、これもあまねく知られた事実である。ところがそれにもかかわらず、北東および東方の後継諸国家から、外国人の波がわれわれの貧しく奪いつくされた祖国へと流れ込んでいる。とりわけ問題なのはユダヤ人難民である。彼らはポグロムに対する恐怖から故郷を逃げ出し、途切れることなくウィーンへと押し寄せ、当地ですでに存在していた食料難、住宅難を限りなく深刻化させている。(6)

イェルツァベクは、同年六月に超党派組織「反セム同盟」を立ち上げ、ユダヤ人を攻撃する大規模集会を繰り返した。集会はデモへと移行し、それに抗議するユダヤ人の若者グループとのあいだで乱闘騒ぎになることもまれではなかった。

あるいは一九二〇年四月二六日、反ユダヤ学生の一団が貧困ユダヤ人学生のための食堂を襲撃し、居合わせた学生や食堂で働く給仕に暴行を加え、食器類を破壊する事件が発生する。これに対して、四月二九日の憲法制定国民議会でキリスト教社会党議員レオポルト・クンシャク(一八七一―一九五三)は、襲撃は人民の「恨みの爆発」であると反ユダヤ学生を擁護する。そして、われわれ人民ならびに国家という生命体にはりついた「膿瘍」であるユダヤ人難民に対し、自発的帰還か、さもなければ「強制収容所」への収容か、を迫るべきだと述べる。(7)

しかし、イェルツァベクやクンシャクのような過激な反ユダヤ主義者は、キリスト教社会党のなかでは少数派であった。キリスト教社会党は、一九二七年の国民議会選挙を前にようやく全国レベルでの党綱領を作成したが、そこで強く意識されたのは社会民主党への対抗である。「ユダヤ」に関しては、最終の第八条で、次のような第一次世界大戦以前からの決まり文句が繰り返された。「民族重視の政党であるキリスト教社会党は、ドイツ的方式の育成を促進し、精神的、経済的領域におけるユダヤの破壊的影響の優勢に対して戦う(8)」。

大ドイツ国民党

これに対して、党綱領により露骨な人種的反ユダヤ主義を掲げて憚《はばか》らなかったのが大ドイツ国民党である。第一次世界大戦以前にはまとまることのなかったドイツ民族主義の諸グループは、戦後、大同団結して大ドイツ国民党を結成し、一九二〇年九月、ザルツブルクで党綱領を採択した。以後、一九三四年の解党まで変わることのなかった党綱領は、総論部分と、経済政策、財政政策、社会政策、農業政策、文化政策等の各論を扱う部分にわかれるが、これら各論の最後におかれた各論が「ユダヤ人問題に対するわれわれの立場」である。総論とユダヤ人問題を論じたこの各論をあわせ読めば、大ドイツ国民党が理想とするのは労働共同体にして文化共同体である国民共同体であり、リベラリズムと社会民主主義は、どちらも共同体思想とは対立する個人主義として否定された。両者には、「リベラリズムは企業家の立場で個人主義政治を行い、社会民主主義は労働者の立場で個人主義政治を行う(9)」という違いしかなかった。そして、大ドイツ国民党の認識によれば、「リベラリズムとマルクシズムにその影響が現れた個人主義という世界観は、わが国民の団結にとって破壊的」だが、その個人主義との戦いは、ユダヤ精神との戦いにならざるをえないとされる。「なぜならユダヤ人は、その性格、その天分から見て徹頭徹尾個人主義者であり、個人主義という世界観はユダヤ精神においてこそ最も確かな土台を有しているからである[10]」。「わが国民にとって有害な、彼らの先祖伝来変わることなきこの〔破壊的〕特性」が、彼らをして人種的反ユダヤ主義者にするのだとされる[11]。

ユダヤ精神と個人主義とを同定し、個人主義をユダヤ人の人種的特性ととらえる彼らの議論に新しいところはない。しかし、一九二〇年一〇月、新憲法下で行われた最初の国民議会選挙の結果を受けて社会民主党が下野した後、二一年六月のヨハン・ショーバー（一八七四—一九三二）の内閣で大ドイツ国民党のレオポルト・ヴァーバー（一八七五—一九四五）が内務大臣に就任すると、彼らの人種的反ユダヤ主義は言説にとどまらず、その対象となった者たちに深刻な影響を及ぼすことになった。

第一次世界大戦終結後、一九一九年九月一〇日にオーストリアが連合国と交わしたサン・ジェルマン条約は、旧ハプスブルク君主国民の国籍に関して、原則的にその者が本籍権を持つ本籍地の存在場所をその者の国籍の基準とした。しかし、それによって自身とは異なる民族が多数を占める国家の国民になる場合は、第八〇条で、その者が、住民の多数者と言語的帰属ならびに人種的帰属（フランス語原文では race、条約のドイツ語訳では Rasse）を同じくする国家の国籍を選択する権利を認めていた。たとえばヨーゼフ・ロート（一八九四—一九三九）は、東ガリツィアのブローディ（第一次世界大戦後はポーランド領）で生まれたが、ドイツ語で教育を受け、ドイツ語の文筆家となる。このような場合、ロートには、言語的帰属に基づけば、ポーランド国籍ではなく、オーストリア国籍の選択が認められるということだ。だが、同じ第八〇条でいわれる人種的帰属は、何によって客観的に証明されるのか。

致命的に不明確な語を含む条文に頭を悩ませた政府は、混乱を避けるため、第八〇条の運用にあたってあえて人種的帰属の定義に踏み込むことを避け、当初、第八〇条適用の適否の審査は言語的帰属の証明を重視して進められた。すなわち、ガリツィアからウィーンに来たユダヤ人難民の場合、ガリツィアを本籍地とする者は、何もしなければポーランド国籍となるが、たとえばドイツ語を教授語とする学校での在籍を証明できれば、第八〇条の適用によってオーストリア国籍の取得を認められた。

ところが、国籍問題を管轄する内務省でヴァーバーが大臣に就任すると風向きが変わる。ヴァーバーが飛びついたのは、法律学的に見てきわめて問題の多い一九二一年六月九日の行政裁判所の判決だった。国籍選択権の審査に関連して起こされた行政裁判で裁判所は、第八〇条は、審査にあたって言語的帰属と人種的帰属の両方が証明されることを求めており、そのさい、言語的帰属の証明は人種的帰属の証明としては不十分であるとの判決を下したのだ。しかし、他方で判決は、人種的帰属の証明法を示したわけではなかった。この判決以後、サン・ジェルマン条約第八〇条に基づくユダヤ人からのオーストリア国籍選択申請は、申請者がドイツ人への人種的帰属を証明できていないという理由でほとんど却下されるようになる。[12]

この問題は、ウィーンを本籍地とし、長くウィーンに暮らして問題なくオーストリア国民になったユダヤ人にも無関係ではありえない。ドイツ語文化をわが文化とするユダヤ人も人種的にはドイツ人ではないといわれるとき、彼らは、第一次世界大戦後、ドイツ人の国民国家として設立されたオーストリアにおいていかなる立場の人々となるのか。大ドイツ国民党のザルツブルク綱領は、オーストリアのユダヤ人を独自の民族（Nation）と認め、ユダヤ人がそれに伴うあらゆる結果を引き受けることを要求していた。具体的には、たとえば大学入学枠において、ユダヤ人には彼らの人口比に見合った人数しか割り当てられないということである。

イグナツ・ザイペル

しかしながら、繰り返しいえば、政権政党であるキリスト教社会党では、大ドイツ国民党のような過激なユダヤ人排除に同調する党員は少数派だった。カトリックの聖職者で、一九二一年から三〇年までキリスト教社会党の党首を務めたイグナツ・ザイペル(13)（一八七六―一九三二）は、一九一九年一一月二五日にカトリックの集会で、民族的、宗教的少数者の権利と保護に関する講演を行っている。背景にあったのは、一〇月一七日の憲法制定議会で批准されたばかりのサン・ジェルマン条約の第六二条から第六九条に盛り込まれた少数民族保護条項をめぐる議論だった。すなわち第六七条は、少数民族に対し、自身の財政的負担によって学校などの教育機関や福祉事業、宗教その他の社会組織を設立し、運営する権利を認め、そうした組織で民族の言語を使う権利も認めていた。また第六八条は、ドイツ語以外の言語を話す住民が一定数以上住む市町村では、それら住民が彼ら自身の言語で公的な初等教育を受けられるようにすることを求めていた。これら条項で主として念頭におかれていたのは、旧オーストリア時代にも憲法でチェコ語の民族的権利が認められていたチェコ人である(14)。これに対してドイツ語文化に同化したウィーンのユダヤ人のほとんどは、旧オーストリア時代も、共和国になったいまも、自分たちがドイツ人とは異なる少数民族として区別されることを望まず、むしろ大ドイツ国民党の主張に明らかなように、区別に差別の危険を感じとっていた(15)。講演でザイペルが取り上げたのは、まさしくこのチェコ人問題とユダヤ人問題だった。

キリスト教社会党系の新聞『ライヒスポスト』には、講演内容は文字通りには再掲されず、記者がまとめた要点が掲載されているが[16]、そこでユダヤ人に関するザイペルの発言を見ると、彼は、ユダヤ人は宗教的マイノリティとも、民族的マイノリティとも見なされうるが、いずれの場合であってもユダヤ人にはマイノリティとしての権利と国家公民としての保護が与えられなければならないとする。しかし、ザイペルによれば、ユダヤ人問題の困難さは、それがマイノリティ問題であるのみならず、経済的、道徳的問題でもあることだった。なぜならユダヤ人は、経済的に他の民族とはまったく異なる役割を演じているからであり、また道徳的にもまったく別の原則に従う人々であるため、そのようなユダヤ人が文学やジャーナリズムを支配すれば、「われわれの道徳性が損なわれる危険がある」からだ。したがって、このようなユダヤ人に対し、キリスト教徒は経済的、道徳的に自己防衛すべきだが、しかし、反ユダヤ法が制定されるようなことがあってはならず、人種的反ユダヤ主義は学術的にも容認できないとする。人種的立場からユダヤ人を一律にユダヤ民族の帰属者と見なす議論に対してザイペルは、これまでの歴史を踏まえつつ、ユダヤ民族への帰属は個々のユダヤ人の決定にゆだねられるべきだとし、ドイツ民族に帰属すると考えるユダヤ人やキリスト教に改宗したユダヤ人は、われわれの共同体に受け入れられるべきだとした。

ザイペルは、人種的反ユダヤ主義を肯定しないが、彼が問題視するユダヤ人の道徳的特性が人種的なものであるのかどうか、この点は曖昧である。ザイペルの講演を総括すれば、そこでは、ドイツ民族に帰属する「よいユダヤ人」と経済的にも道徳的にもドイツ人とは別の原則に従う「悪いユダヤ人」とが区別され、前者は受け入れ可能だが、後者は危険ということになるだろう。では、誰が「よいユダヤ人」で、誰が「悪いユダヤ人」なのか。ルエーガー同様、それはザイペルという「私が決める」ことなのか。

二　オーストリア・ナチの登場

オーストリアでは一九二二年に頂点に達したハイパーインフレがようやく収まると、社会はつかの間の落ち着きを取り戻す。ガリツィア・ユダヤ人の問題も、徐々に新聞の第一面に登場することはなくなった。ところが、まさしくこの時期、その行動の過激さにおいて注目を集めるようになったのがナチだった。

ドイツ労働者党からドイツ国民社会主義労働者党へ

カルメン・クラインシヒとローベルト・クリーヒバウマーの論考(17)に依拠しながらその前史をまとめれば、オーストリアでナチの組織的、イデオロギー的源流とされるものは複数存在するが、直接、第一次世界大戦後へと繋がるのは、一九〇三年一一月、ドイツ国境に近い町アウシヒ・アン・デア・エルベ(現在はチェコ領のウースチー・ナド・ラベム)でフェルディナント・ブルショフスキやヴィルヘルム・プレディガーらによって設立されたドイツ労働者党である。党設立を促したのは、ベーメン(ボヘミア)、メーレン(モラヴィア)、オーストリア領シュレージエンで、チェコ人労働者に対抗して開始されたドイツ人労働者の運動だった。背景に存在したのは、国内移住で同地の工業地帯に流れ込むチェコ人労働者が、ドイツ人労働者の労賃引き下げを引き起こしているという不満である。同党は、翌一九〇四年八月、同じくドイツ国境の町トラウテナウ(現在はチェコ領のトルトノフ)で開催された第一回帝国党大会で、アロイス・ツィラーが起草した党綱領を採択する。そこでは、反封建、反教権、反資本主義の立場が表明され、社会改革的要求、とりわけベーメン、メーレン、オーストリア領シュレージエンのドイツ人労働者の経済的、政治的、文化的利益の擁護が謳われた。後に党にはシェーネラー・グループにいたルードルフ・ユング(一八八二—一九四五)や、社会民主党から転向したヴァルター・リール(一八八一—一九五五)らが加わる。設立経緯からも明らかなように、党はドイツ民族主義的にして反チェコ的ではあったが、この時期の党の活動で反ユダヤ主義が大きな比重を占めていたわけではない。ドイツ民族主義と反ユダヤ主義がセットにされるのは、第一次世界大戦後である。

ドイツ労働者党は、第一次世界大戦末期の一九一八年五月にウィーンで最後の帝国党大会を開催し、党名をドイツ国民社会主義労働者党と改めたが、まもなくオーストリア＝ハンガリー二重君主国が崩壊し、党はチェコスロヴァキアとポーランドとオーストリアの三グループにわかれる。このうちオーストリアの党を率いたのが上述のリールである。リールは一九一九年一二月一八日の党大会で党首に選出された。これらドイツ国民社会主義を掲げる運動の特徴は、その全ドイツ主義において国境を越えた運動だったことだ。ドイツでは、ミュンヘンで一九一九年一月五日、アントーン・ドレクスラー(一八八四—一九四二)がドイツ労働者党を設立した後、二〇年二月二四日に党名を国民社会主義ドイツ労働者党(ナチ党)と改める。同年八月、チェコスロヴァキア、オーストリア、ドイツの国民社会主義者はザルツブルクに集合して国家間会議を開催した。

オーストリアにおける「ヒトラー運動」

しかし、ドイツとオーストリアのあいだで、またオーストリアの党の内部で、闘争路線が一致していたわけではない。ドイツでは一九二一年七月に党内で実権を握ったヒトラーがいち早く指導者原理を樹立し、二二年一〇月末のベニート・ムッソリーニ（一八八三―一九四五）のローマ進軍をモデルとする一揆路線をとったのに対し、リールらオーストリアの党の執行部は、大ドイツ国民党と連携しつつ議会制の枠内で議席を得ることをめざした。しかし、党内の若手は、大ドイツ国民党が既存社会のエスタブリッシュメントたちの政党だったこともあり、同党との連携より、むしろドイツの街頭で頭角を現したヒトラーの独裁に共感を寄せる。党内での路線対立は、一九二三年一〇月の国民議会選挙を前に先鋭化した。結局、リールが党活動から退き、カール・シュルツがその後を継いだものの、一九二六年五月、リヒャルト・ズーヘンヴィルト（一八九六―一九六五）らヒトラーに心酔する若手二〇〇人以上が離党し、ドイツ国民社会主義労働者協会を設立した。ヒトラーを指導者とする協会は、別名「ヒトラー運動」と名乗った。ズーヘンヴィルトは当時まだ三〇歳の若さだった。前者のシュルツ・グループと後者のヒトラー運動は相互に対立しあったが、ドイツで一九三〇年九月の国会選挙でナチ党が大躍進した後、オーストリアで主導権を握ったのは後者の「ヒトラー運動」の方だった。

こうしてオーストリア・ナチにまとまる人々は、一九一八年から二三年頃まで、ウィーンで繰り返された反ユダヤ大衆行動の参加者ではあったが、行動をリードしていたわけでも、行動において特にめだっていたわけでもない。彼らは、キリスト教社会党や大ドイツ国民党の支持者や反セム同盟のメンバーと肩を並べる参加者の一部だった。彼らの若さと暴力が注目を集めるようになるのは、第一次世界大戦終結後の大衆行動が一段落してからである。一九二五年七月、ほとんど全員が一五歳から二〇歳頃と思われるナチ八〇人が、高級レストランに乱入して狼藉をはたらき、「ユダヤ人は失せろ」とわめきたてるなど[18]、彼らのやり方は、ユダヤ人に対して好意的ではない市民でさえ顔をしかめるようなものだった。

反ユダヤ主義行動の過激化

ナチは、一九二〇年代のオーストリアの国政ではほとんど影響力を持たなかったが、三〇年代に入ると、オーストリアの反ユダヤ主義は、彼らを中心に新たな暴力性を露わにして第二期に入る。先に述べたように、一九二九年の世界恐慌後、三〇年九月のドイツの国会選挙でナチ党が躍進すると、オーストリアのナチ(「ヒトラー運動」)にも弾みがついた。一九三二年四月のウィーンの市議会選挙では、それまでの大ドイツ国民党支持層の票をも吸収し、一気に二〇万一四一一票(得票率一七・六七%)を得て、総議席一〇〇のうち一五議席を獲得する[19]。同年、ナチはニーダーエスターライヒやザルツブルクの州議会選挙でも躍進した。勢いを得た彼らは、ユダヤ人が経営する商店への入店を阻止するなど、ボイコット運動を過激化させる。一九三三年六月一二日の午前には、ユダヤ人宝石商ノーベルト・フッターヴァイトの店に爆弾を投げ込んで死者二名を出し、同夜、同じくユダヤ人の中古品販売店が爆破された。同日、不発に終わったとはいえ、ユダヤ人が多く住むウィーン第二区のレオポルトシュタットでは、カフェに爆弾が投げ込まれた。

大学でユダヤ人学生に対する暴行がピークに達するのも一九三二年から三三年にかけてである。ユダヤ人には工場労働者が少ない一方、弁護士や医師、大学教員、ジャーナリズムなど、知的職業に占める彼らの割合の高さは反ユダヤ主義者が好んで攻撃するところだった。それゆえユダヤ人の知的職業人を世に送り出す大学は、反ユダヤ主義者の活動拠点になる。実際、同時代のレオ・ゴルトハマー（一八八四―一九四九）の統計調査によれば、数字にはオーストリア国外からの留学生も含まれているものの、一九二五／二六年のウィーン大学で、法学部の学生に占めるユダヤ人の割合は二四・二〇％、医学部では三三・八四％にのぼった。[20]また、一九三六年について見ると、ユダヤ人はオーストリアの弁護士の六二％、医師の四七・一八％、大学教授の二八・六一％を占める。[21]

第一次世界大戦後、一九一九年に、中欧でドイツ語を教授語とする大学の学生により、国際的なドイツ民族主義学生組織であるドイツ学生組合が設立される。オーストリアの諸大学の学生はその第八グループを形成した。設立当初、オーストリアのドイツ学生組合で多数派を占めたのは、キリスト教社会党に近いカトリックの学生と大ドイツ国民党に近いドイツ民族派系の学生であり、彼らがそろって求めたのは、当時の御多分に漏れずガリツィアやブコヴィナからきた「外国」ユダヤ人学生の排除だった。ガリツィアやブコヴィナは、もはやオーストリアにとっての外国だというのである。学生組合のなかのカトリック学生の代表であった後の首相、エンゲルベルト・ドルフス（一八九二―一九三四）も組合の論客の一人であり、一九二〇年九月二四日付けの『ライヒスポスト』に「ウィーン大学の「外国人」問題」と題する一文を寄せている。[22]

図3　エンゲルベルト・ドルフス 1933年9月25日刊の週刊誌『タイム』の表紙に掲載された肖像写真.

しかし、ユダヤ人難民問題がアクチュアリティを失った後も、特に少し遅れて学生組合に加わったナチ学生によるユダヤ人学生への暴言や暴行、ユダヤ人教授の講義に対する妨害は止むことがなかった。大学自治の伝統のため、警察が大学構内への踏み込みを控えたことも、彼らにやりたい放題を許す一因となる。大学内の掲示板はユダヤ人を侮辱する貼り紙であふれたが、これも野放しに等しかった。さらに一九三一年、オーストリアの学生組合でナチ学生がカトリック系学生を押さえて優位に立つと、彼らの行動は一気に過激化する。

ヴェーリンガー通りのウィーン大学解剖学研究所は、彼らの乱暴狼藉の舞台の一つだった。というのも一九三二年にウィーン大学医学部に入学したベンノ・ヴァイザー(一九一三―二〇一〇)の回想によれば[23]、当時、解剖学研究所の建物の左翼にはドイツ民族派の教授、フェルディナント・ホッホシュテッター(一八六一―一九五四)が陣取り、右翼には、ユダヤ人の教授で社会民主主義者のユリウス・タンドラー(一八六九―一九三六)が陣取って、両者が相対する構図になっていたからである。タンドラーは、社会民主党が市政を握ったウィーンで医療・福祉行政に辣腕を振るい、まさしく「赤いウィーン」の顔だった。彼の講義にはユダヤ人学生や社会民主党系の学生が集まり、ナチ学生の標的とされたのが彼らである。一九一三年生まれのヴァイザー自身は、第一次世界大戦中の一九一五年、ブコヴィナのチェルノヴィッツ（現在はウクライナ領のチェルニウツィ）からウィーンに逃れ、そのままウィーンに残ったユダヤ人難民一家の子供だった。ちなみにホッホシュテッターのもとで助手を務めていたのは、合邦後、ナチ党に入党する著名な動物行動学者コンラート・ローレンツ（一九〇三―一九八九）である。

解剖学研究所での最後の騒動は、一九三三年五月九日の午前中に発生する。同日の社会民主党系の新聞『アーベント』午後版の記事によれば、[24] タンドラーの講義後、講義室を出ようとした学生にナチ学生の集団がゴム製の棍棒や拳鍔《けんつば》で襲いかかった。ナチ学生といっても、全員がウィーン大学の学生だったわけではなく、そもそも大学生であるかどうかさえ不明だったが、講義室の出入り口も、研究所の玄関口も彼らによってふさがれたため、多数の学生が窓から中庭に向かって飛び降りたという。『アーベント』には、駆けつけた消防隊の梯子を伝って建物の二階の窓から脱出する学生たちの写真が掲載されている。ナチ学生の暴行によって二五人が負傷し、四人が病院に搬送されたが、負傷者には、少なくとも九人のアメリカからの留学生が含まれていた。アメリカ人学生はアメリカ領事館に保護を求めたため、

図4　1933年5月9日，ウィーン大学解剖学研究所の窓から脱出する学生
（Österreichische Nationalbibliothek Wien, Bildarchiv Austria）

事態は、領事館によるオーストリア政府への抗議に発展した。一九三二年五月二〇日にドイツとの合邦に反対するドルフス政権が誕生した後、ドイツを後ろ盾とするオーストリア・ナチの攻撃は、ユダヤ人のみならず、キリスト教社会党系の体育協会やカトリック教会等にもおよんでおり、ついにドルフスは、解剖学研究所での事件から間もなく、六月一九日にナチ活動の禁止に踏みきった[25]。

三　真のドイツ性と反ユダヤ

グフェルナーの司教教書

オーストリアにおけるナチの躍進を見るにあたり、いま一度、第一次世界大戦終結時に遡れば、一九一八年一〇月二一日にドイツオーストリア暫定国民議会が発足した当時、この国は単独では生存能力を持ちえないと考えられた。ドイツオーストリアは、ハンガリーから得られた食料も、チェコにあった工業地帯も石炭資源も失った「残骸国家」であり、この国が生き延びるためにはドイツとの「合邦《アンシュルス》（Anschluß）」が必要だと考えられた。それゆえ同年一一月一二日のドイツオーストリア共和国設立宣言の第二条では、ウィーンを首都とするドイツオーストリアとベルリンを首都とするドイツが合邦し、ドイツ人の民族自決国家が設立されることを想定して、「ドイツオーストリアはドイツ共和国の一構成部分をなす」と記される。アンシュルスは、連結を意味するドイツ語である。しかし、ドイツの大国化を懸念する連合国によって合邦は禁じられた。ドイツオーストリア共和国の国名から「ドイツ」の三文字が外され、サン・ジェルマン条約は一九一九年九月一〇日、連合国と「オーストリア共和国」のあいだで調印された。『昨日の世界』(一九四四年)のシュテファン・ツヴァイク(一八八一―一九四二)は、一九一八/一九年を振り返り、「私の知る限りでは、歴史の歩みにおいてはじめて、一国がみずから憤って拒絶している独立が外から強制されるという逆説的な場合が起こった」[26]と述べている。ただし当時のオーストリアで、ドイツとの合邦の必要性は社会で広く共有された認識ではあったが、そこには明らかな温度差があったことに留意しなければならない。大ドイツ国民党は全ドイツ主義の立場からの積極的な合邦推進派であり、社会民主党はドイツがヴァイマル共和国である限りでの合邦推進派であったのに対し、一九二〇年以後、両大戦間期オーストリアの政権を握ることになるキリスト教社会党の保守派のイデオローグは、プロテスタントのプロイセンが主導するようなドイツとの合邦には、消極的あるいは否定的だった。ザイペルは反合邦思想の先導者の一人であり、ドルフスも、彼の後任となるクルト・シュシュニク(一八九七―一九七七)も、彼の思想的影響下にあった。

こうして独立したオーストリアの首都ウィーンでは、新国家の総人口の四分の一以上にあたる二〇〇万人が飢え凍えていた。戦地にいた兵士や、旧君主国のあちこちに赴任していた公務員が帰還したが、彼らには仕事も住む家もなかった。たとえ賃仕事にありつけても、一九二一年のハイパーインフレ期には、朝に支払われた賃金は夕べには無価値だった。この瀕死のオーストリアを救ったのは、「外から」の援助である。一九二二年五月に首相に就任したザイペルは、同年一〇月、イギリス、フランス、イタリア、チェコスロヴァキアとのあいだでオーストリア復興協定の締結にこぎつけ、四国が保障する国際借款が形成される。下落したオーストリアの通貨はようやく安定し、旧通貨にかわる新通貨の発行も可能となった。

しかし、危機の一九二〇年代を乗り切ったのもつかの間、一九二九年の世界恐慌は、いまだ復興しきれぬオーストリア経済を再び破綻の淵に追いやった。政府は、オーストリア経済を立て直すため、ドイツとの関税同盟締結を模索するが、同盟は一九一九年のサン・ジェルマン条約の合邦禁止条項に抵触するとして国際社会から否認される。そのため政府はあらためて合邦禁止条項の順守を約束し、その見返りとして国際借款を獲得した。しかし、ほとんど焼け石に水であり、一九三三年には、登録失業者数は四〇万人を超えた。

経済的危機に加え、社会の不安定化にさらなる拍車をかけたのが、左右の党派対立と、党派の背後にいる準軍事組織の存在、すなわち右派の護国団(「郷土防衛軍」とも訳される)とこれに激しく対抗した社会民主党系の共和国防衛同盟の存在、ならびに先に述べたナチの躍進であった。護国団は、第一次世界大戦後の混乱期に地域の治安維持や国境警備を目的として結成された武装自警団の集合体であり、一九三二年五月に発足したドルフスの内閣では農民同盟とともに政権に加わったものの、「反社会主義」という以外、イデオロギー的立ち位置は内部でさまざまに分裂していた。

一九三三年三月四日、鉄道ストへの対処をめぐる議案でキリスト教社会党と社会民主党が対立し、国民議会が議決不能に陥ると、これを機にドルフスは議会を閉鎖する。そして政治的分裂に終止符を打つため、同月末、共和国防衛同盟を解散させ、五月には、キリスト教社会党や護国団その他を吸収した超党派組織としての祖国戦線を創設し、六月にはナチの活動を禁止した。翌三四年二月、非合法に活動を継続していた共和国防衛同盟はリンツやウィーンで武装蜂起し、ドルフス政府に対して最後の抵抗を試みるが、政府は軍の戦車まで動員して容赦なくこれを弾圧し、社会民主党も非合法化された。

　こうして成立したドルフス独裁体制は、強く反ナチ的な体制であり、ナチ活動の禁止後、ユダヤ人に対する直接的暴行はきわだって減少した。ユダヤ人の大半はこの事態を歓迎したものの、胸中は複雑だった。一九三三年三月の国民議会停止後、九月一一日のトラープレンプラッツでの祖国戦線の大聴衆を前にしての演説でドルフスは、オーストリアは職能身分に基礎をおく「社会的キリスト教的ドイツ国家」だ、と述べる。オーストリアは、ドイツとは異なる独自のドイツ国家だ、というのがドルフスらの主張だった。同じことは、独裁体制への移行により一九三四年五月一日に告示された新憲法の前文でも謳われる。では、オーストリアがドイツとは異なる独自のドイツ国家であるとき、ナチ・ドイツの「フェルキッシュ」なドイツ民族主義とオーストリアのキリスト教的ドイツ民族主義とは、どこがどう違うのか。

　リンツの司教、ヨハネス・マリア・グフェルナー（一八六七―一九四二）の一九三三年一月二一日の司教教書は、それに対する一つの答えと読むことができる。[27]

　グフェルナーによれば、人類はアダムとエヴァから始まる一つの家族であり、その家族のうちにある諸民族に優劣はなく、諸民族は隣人愛の関係で結ばれているのでなければならない。しかしながら、民族のあいだには身体的相違や、言語、文化、風俗習慣における精神的相違があり、こうした身体的、精神的特性を共有する人々のあいだに民族感情、民族意識が生まれるのもまた自然である。自民族への愛であるナショナリズムは、本来「人間の自然の最も深い本質」に根差し、人類愛と同様にキリスト教的である。しかし、それが人間をもっぱら身体的特徴によって評価する「人種的唯物論」へと堕落し、「血の神話」へと先鋭化したとき、ナショナリズムは非自然で非キリスト教的となるとされる。このことは「ナチが説く過激な人種的反ユダヤ主義にもあてはまる。ユダヤ人をその血筋のみによって蔑み、憎み、迫害することは、非人間的であり、非キリスト教的[28]」であった。

しかし、グフェルナーは、人種的反ユダヤ主義を否認する一方、反ユダヤ主義一般を否認するわけではない。なぜなら「ユダヤの民族精神(das jüdische Volkstum)やユダヤ教と、ユダヤの国際的世界精神(der internationale Weltgeist)とは別物」だからである。


神に背を向けた多数のユダヤ人が、近代的文化生活のほとんどすべての領域にきわめて有害な影響を及ぼしていることは疑いない。経済や交易、営業や競争、弁護士業や医療、社会的、政治的諸変動には、唯物主義的、自由主義的諸原則が幾重にも入り込み、解体を引き起こしているが、それら諸原則は、大部分、ユダヤ精神(das Judentum)に由来するものである。ジャーナリズムや広告、演劇や映画は、しばしばいかがわしく、またシニカルな傾向に満ち、キリスト教国民の魂をその最も深いところにいたるまで毒しているが、こうした諸傾向もまた、大部分、ユダヤ精神によって養分を与えられ、広められている。堕落したユダヤ精神は、世界フリーメイソンと結びつき、拝金主義的資本主義の主たる担い手、社会主義や共産主義の主たる創始者にして唱道者、ボリシェヴィズムの使者にして先導者でもある。

こうしたユダヤ精神の有害な影響と闘い、それを破壊することは、確固たるキリスト教徒一人一人の当を得た権利であるのみならず、厳格なる良心の義務である。そして、アーリア人の側においてもキリスト教徒の側においても、ユダヤ的精神（der jüdische Geist）がもたらすこうした危険や侵害がより一層正しく認識され、持続的な戦いが継続されること、よもや、それらが公然とであれ密かにであれ、模倣されたり促進されたりすることがないように望むばかりである。(29)

さらにグフェルナーは、こうした危険や侵害を防ぐためには、立法的、行政的措置がとられるべきであるとし、「それゆえナチズムが、こうした精神的、倫理的反ユダヤ主義のみをその綱領に入れるのであれば、それは何によっても妨げられない(30)」とする。

司教教書の後半は、合邦批判すなわちナチの人種的全ドイツ主義批判にあてられ、一つの民族が複数の国家に居住することは、あってしかるべきことであり、民族が既存の国境を破壊し、単一民族国家を設立しようとするのは誤りであるとされる。同様に、民族と国家の分離の立場からグフェルナーは、諸民族が合同した旧ハプスブルク君主国を賛美し、「大オーストリアは、その理想的な形でのキリスト教的ナショナリズムの体現であった(31)」とする。彼によれば、カトリックはあらゆる民族を包摂する普遍主義の立場に立つが、そうした普遍的カトリック信仰のうちにあるオーストリアのドイツ性こそが真のドイツ性なのであり、ナチのように宗教に優越する人種的ドイツ性や民族に従属させられたドイツ教会は容認されてはならなかった。

ユダヤ人の苦境

グフェルナーの議論はその典型だが、この時期、合邦イデオロギーに対抗し、カトリック陣営が持ち出したオーストリアの独自性を強調する議論では、旧オーストリア＝ハンガリー二重君主国の民族を超越した普遍的文化の伝統の遺産と、カトリックの普遍主義とが強調され、それらに立脚するオーストリアのドイツ民族主義こそが、排他的な自民族中心主義に陥らない真にキリスト教的で、また真にドイツ的でもあるドイツ民族主義であると説かれた[32]。それゆえオーストリアはユダヤ人を人種的に排除はしないが、しかし、そのドイツ民族主義は、キリスト教的、ドイツ的精神とは相いれないユダヤ精神に対する精神的、倫理的反ユダヤ主義をその一部としており、精神的、倫理的反ユダヤ主義においては、ナチの反ユダヤ主義とその苛烈さを競い合うという奇妙な関係にたつ。実際、司教教書のユダヤ精神批判の文言は、オーストリア・ナチのプロパガンダでしばしば引用されるところとなった。

だが、グフェルナーによって「ユダヤの民族精神」とは区別される「ユダヤ精神」、あるいはより正確には堕落したユダヤ精神は、具体的にどのユダヤ人によって体現されているのか。当然ながらグフェルナーの司教教書には、ユダヤ人側から多くの反論が出た。一月三〇日、オーストリア・ユダヤ前線兵士同盟の抗議集会に演者として招かれたオーストリア・ユダヤ人同盟の幹部の一人、マックス・レンクは、司教が、信仰あついユダヤ人と神に背を向けたユダヤ人とを区別し、前者を抱き寄せ、後者に破門を言い渡すのは、かつてルエーガーがシェーネラーらの人種的反ユダヤ主義に対する非難で用いたのと同じ論法であり、キリスト教社会党の反ユダヤ主義者が用いる常套手段だとする。だが、実際に彼らがめざしているのは、人種的反ユダヤ主義者と同じくすべてのユダヤ人の差別なのだ、とする[33]。

ユダヤ人に対する無差別の差別——これが、条文上はすべての国民の平等を保障した一九三四年五月の新憲法のもとでユダヤ人が直面した現実だった。医学部を卒業する学生が専門医になるためには、まず、いずれかの病院で無給の実習に従事し、最低六カ月の実習期間終了後、さらに主任医師のもとで助手医師として研修を積む必要があった。実習生や助手医師の選考は彼らの受け入れ病院の裁量にゆだねられたが、一九三四年以後、ユダヤ人は実質的に、実習からも助手医師のポストからも締め出されるようになる。公立病院での実習を希望する者は、オーストリア国籍の所持者であることに加えて、出生、洗礼証明書、少なくとも六カ月の祖国戦線員証明書の提出を求められるようになった。助手医師のポストは、応募者がユダヤ人しかいない場合は埋められないままにされるなど、排除は露骨だった。[34]一九三五年四月、オーストリア・ユダヤ人同盟は社会行政省に陳情書を提出し、公のポストを得るために洗礼証明書の提出を求めることは、特定の宗教への帰属をポストに就くための条件とすることであり、すべての国民に法のもとでの平等を保障した憲法第一六条および信仰の自由を保障した憲法第二七条に違反すると訴えたが、[35]すべては空しかった。

一九〇八年にガリツィアのタルノポル（現在はウクライナ領のテルノピリ）で生まれたユダ・ヴァイスブロート（一九〇八－一九九二）の一家は、一九一四年に戦争難民としてウィーンに逃れ、戦後、そのままウィーンに定住した。おそらくウィーンの反ユダヤ主義者によって最も嫌われた部類のユダヤ人に入るだろう。大学で薬理学と化学を修めた彼は、一九三六年、薬剤師になるためには必須の実務実習先を求め、薬剤師職能身分の責任者のもとを訪ねるが、そこで言われたのは次のようなことであった。

まず優先されるのは、薬局所有者の息子さんや娘さんたちです。それから、おじさん、おばさん、お祖母さんの順番となりまして、その次が、それ以外の方の順番ということになります。それで、ずっとどなたも来なければ、もしかするとあなたの番ということになります。[36]

では、いったい、いつ私の番が来るのか、という問いに対する答えは、もしかすると一九四二年に、ということだった。要するに、ユダヤ人には実務実習先は与えられない、ということだ。ユダヤ人の職業機会からの排除は、両大戦間期に進行したユダヤ人社会の窮乏に拍車をかけることになる。ちなみに責任者が口から出まかせで答えた一九四二年とは、ウィーンのユダヤ人社会がホロコーストによってほぼ消滅した年である。

（1）Leo Goldhammer, *Die Juden Wiens. Eine statistische Studie*, Wien/Leipzig 1927, S. 9.
（2）Manfried Rauchensteiner, *Der Tod des Doppeladlers. Österreich-Ungarn und der Erste Weltkrieg*, Graz 1993, S. 536.
（3）この時点での国名は「ドイツオーストリア」であった。後述するように、共和国設立宣言では「ドイツオーストリアはドイツ共和国の一構成部分」と記されていたが、一九一九年のサン・ジェルマン条約はドイツオーストリアとドイツとの合邦を禁じ、国名から「ドイツ」の三文字も外された。
（4）詳しくは、野村『ウィーンのユダヤ人』第二部第一章を参照。
（5）Archiv der Bundespolizeidirektion Wien, Stimmungsberichte 1918, Bezirks–Polizei–Kommissariat Brigittenau in Wien, 4. Dez. 1918.

（6） *Beilagen zu den stenographischen Protokollen der provisorischen Nationalversammlung für Deutschösterreich 1918 und 1919*, Bd. 1, Wien 1919, Beilage 188.

（7） *Stenographische Protokolle über die Sitzung der konstituierenden Nationalversammlung der Republik Österreich 1919 und 1920*, Bd. 2, Wein 1919/1920, S. 2379f.

（8） Berchtold (Hg.), a. a. O., S. 376. 一九二七年より前の選挙では、党綱領は州レベルで作成された。

（9） Ebd., S. 440.

（10） Ebd., S. 478.

（11） Ebd., S. 481.

（12） 詳しくは、野村『ウィーンのユダヤ人』第二部第二章を参照。

（13） ザイペルは、一九二二年から二四年までと一九二六年から二九年まで、二回にわたりオーストリア第一共和国の首相を務めた。

（14） 大津留厚「ウィーンにおけるチェコ系学校の「戦後」——「民族の平等」と「少数民族保護」のはざまで」（大津留厚編『「民族自決」という幻影——ハプスブルク帝国の崩壊と新生諸国家の成立』昭和堂、二〇二〇年、所収）を参照。

（15） 本書第Ⅰ部第三章で述べるように、ローベルト・シュトリッカーなどシオニストの一部は、オーストリアにおいてユダヤ人が少数民族と認められることを求めていたが、シオニストの多数派を含め、彼らの主張を支持するユダヤ人はごく少数だった。

（16） *Reichspost*, 27. November 1919, S. 6.

（17） Carmen Kleinszig, Vom deutschen Gehilfenverein zur DNSAP. Die Entwicklung einer Partei im Überblick, in: *Beiträge zur Rechtsgeschichte Österreichs*, Jg. 10, Heft 1, 2020. Robert Kriechbaumer, *Die großen Erzählungen der Politik. Politische Kultur und Parteien in Österreich von der Jahrhundertwende bis 1945*, Wien/Köln/Weimar 2001.

（18） Bruce F. Pauley, *Eine Geschichte des österreichischen Antisemitismus. Von der Ausgrenzung zur Auslöschung*,

Wien 1993, S. 243.

（19）Lothar Höbelt, *Die Erste Republik Österreich (1918–1938). Das Provisorium*, Wien/Köln/Weimar 2018, Anhang : Wahlergebnisse, S. 379.

（20）Goldhammer, a. a. O., S. 40.

（21）Maderegger, a. a. O., S. 220.

（22）Engelbert Dollfuß, „Fremdländer"=Frage in der Wiener Universität, in: *Reichspost*, 24. September 1920. Taschwer, a. a. O., S. 45f.

（23）Benno Weiser Varon, „Die Herrenknochen der Herrenrasse krachten wie alle anderen Knochen...", in: Adi Wimmer（Hg.）, *Die Heimat wurde ihnen fremd, die Fremde nicht zur Heimat. Erinnerungen österreichischer Juden aus dem Exil*, Wien 1993, S. 40f.

（24）*Der Abend*, Nachmittagsausgabe, 9. Mai 1933, S. 1.

（25）後にドルフスは、活動禁止後も非合法に活動を続けていたナチに襲われ、一九三四年七月二五日に首相官邸で暗殺された。この時、ウィーンと同時にケルンテン、シュタイアーマルク、オーバーエスターライヒでもナチによる一揆が試みられたが、すべて鎮圧された。

（26）Stefan Zweig, *Die Welt von Gestern*, Frankfurt a. M. 1952, S. 259. シュテファン・ツヴァイク『昨日の世界』原田義人訳、みすず書房、一九七三年、第二巻、四一九頁。

（27）『ライヒスポスト』でその内容が紹介されている。Kirchliche Verurteilung nationalsozialistischer Irrlehren. Ein Hirtenbrief über die richtige Einstellung zum Nationalismus, in: *Reichspost*, 24. Jänner 1933.

（28）Ebd., S. 2.

（29）Ebd.

（30）Ebd.

（31）Ebd., S. 3.

(32) 合邦イデオロギーに対抗する「オーストリア・イデオロギー」については、村松惠二『カトリック政治思想とファシズム』(創文社、二〇〇六年)の第四章を参照。

(33) Kein Priester der Nächstenliebe, in: *Die Wahrheit*, 3. Februar 1933, S. 3f.「オーストリア・ユダヤ前線兵士同盟」は、一九三二年八月、反ユダヤ主義者の暴力からユダヤ人を守るための超党派的組織として結成された。一九三三年五月にドルフスによって祖国戦線が設立されると、オーストリア・ユダヤ前線兵士同盟はオーストリアに忠誠を誓う組織として、いち早く協力を決議する。当時の会員数は約八〇〇〇人であった。「オーストリア・ユダヤ人同盟」(一九三一年五月に「ドイツオーストリア・ユダヤ人同盟」から改称。*Die Wahrheit*, 22. Mai 1931, S. 3. を参照)の前身は、第一次世界大戦前の「オーストリア・イスラエル同盟」である。一八八五年のヨーゼフ・ザムエル・ブロッホ(一八五〇―一九二三)によるオーストリア・イスラエル同盟の設立経緯については、野村『ウィーンのユダヤ人』第一部第二章を参照。同盟は非シオニスト系ユダヤ人による最大の団体で、シオニストとウィーンのユダヤ教徒の信徒共同体(正式名称は Israelitische Kultusgemeinde Wien)の主導権を激しく争った。男性に限定されていた同盟の会員数は、一九二四年で五九二〇人であった(*Die Wahrheit*, 30. Mai 1923, S. 11. *Die Wahrheit*, 2. Mai 1924, S. 8.)。ユダヤ教徒の信徒共同体の機能については、第I部第三章で述べる。

(34) *Die Stimme*, 17. Mai 1935, S. 6.

(35) *Die Wahrheit*, 5. April 1935, S. 1f.

(36) Yehuda Brott (Juda Weissbrod), „Die Österreicher waren ärger als die Deutschen...“, in: Wimmer (Hg.), a. a. O., S. 35.

第三章 ユダヤ人社会の政治的孤立と窮乏化

一 世紀末ウィーンのユダヤ人

三層のアイデンティティ

旧帝国議会のドイツ人議員により、第一回ドイツオーストリア暫定国民議会が開催された一九一八年一〇月二一日、すなわちオーストリア＝ハンガリー二重君主国が死に、ドイツオーストリアが誕生したこの日によせて、コラムニストのハインリヒ・シュライバーは、広くウィーンのユダヤ人中間層に読まれた『ブロッホ博士の週報』に「ユダヤ人とドイツオーストリア国家」と題する長文を寄稿する。そこでシュライバーは、やがて彼らが「昨日の世界」と懐かしむことになる旧オーストリアに対し、哀惜の念を隠さない。

「われわれユダヤ人は、例外なく、党派の違いを超えて、真のオーストリア人だった。その肉と霊において、真のオーストリア人だった」[1]。では、いまドイツ人の国民国家となったドイツオーストリアにおいて、自分たちユダヤ人は何者であるのか。シュライバーは、ドイツ民族主義に対抗するシオニストのユダヤ民族主義を拒否していう。「われわれはユダヤ人であり、オーストリア人である。そして、それでは不足だというのであれば、われわれは、出生と慣習、教養と文化、態度と感情においてドイツオーストリア人である」[2]。

しかし、新国家において、シュライバーに代表されるウィーン・ユダヤ人の自己理解は、前章で述べたように、大ドイツ国民党のヴァーバーのような人種的反ユダヤ主義者から否認されたのみならず、ユダヤ民族主義者からも挑戦状を突きつけられることになった。

アメリカの歴史研究者マーシャ・ローゼンブリットの整理を踏まえれば[3]、世紀末ウィーンのユダヤ人のアイデンティティは三層をなす。すなわち、第一に国家政治のレベルでは、彼らは熱烈なオーストリア＝ハンガリー二重君主国の愛国者であった。第二に、その多民族の君主国において、彼らは文化的にはドイツ文化に帰属するが、しかし、第三に、エスニックな帰属において、彼らはドイツ人ではなく、ユダヤ人意識を持つ人々であった。

第一、第二については説明を要しまい。君主国への愛は、ウィーンに限らず、君主国のほぼすべてのユダヤ人に共通する。一八六七年憲法によって信教の自由を保障し、それまでキリスト教世界の被差別民であったユダヤ人を平等な臣民とした君主国は、彼らにとって生命、財産の安全を保障してくれる唯一の祖国であった。

文化についていえば、第I部第一章で述べたように、世紀末ウィーンのユダヤ人とは、一八四八年革命後、君主国の諸地域から移住してきたユダヤ人とその子孫である。最も早い時期に移動を開始したのは、ウィーンに近いボヘミアやモラヴィアのユダヤ人で、それに続いたのが、今日のスロヴァキアやブルゲンラントのユダヤ人であったが、最後に一九世紀末になると、鉄道網の整備と農業不況による窮乏を背景として、ガリツィアからの移動が本格化する。メンデル・ノイグレッシェル（一九〇三―一九六五）が指摘するように、[4] あるいはガリツィア出身のロートが『放浪のユダヤ人』（一九二七年）で描くように、[5] これら移住者の第一世代は、ユダヤ人解放以前の彼らの先祖の、言語的にも文化的にも周囲のキリスト教徒の世界から孤立したユダヤ人社会の痕跡を引きずり、最後のガリツィアのユダヤ人にいたっては、世紀末になってもなおイディッシュ語を母語とする者が多数だった。しかし、彼らは、何よりも経済的、社会的上昇を求めてウィーンに出てきた人々である。彼らが夢を託した子や孫は、ウィーンでドイツ語で教育を受け、ドイツ文化を吸収し、その信奉者となったのみならず、世界に名を知られるドイツ文化の創造者へと成り上がった。

厄介なのは、第三のエスニック・アイデンティティである。たとえば居住地に着目すると、世紀末ウィーンのユダヤ人は、ドイツ語／ドイツ文化への同化にもかかわらず、ユダヤ人としてなお強いまとまりを持つ集団であった。[6]

ウィーン第二区のレオポルトシュタットは、かつて一七世紀にユダヤ人のコミュニティが存在したところだが、一九一〇年のウィーンのユダヤ人一七万五三一八人（ウィーンの総人口の八・六％）の三一・四％がこの第二区に集中し、区の総人口の約三四％を占めた。さらにブリギッテナウは、もとは第二区の一部であったのが、一九〇〇年に第二〇区として分離されたものである。したがって、この第二〇区に住むユダヤ人と合わせれば、第二〇区分離以前の第二区に住むユダヤ人はウィーンのユダヤ人の四〇％を超え、第二〇区分離以前の第二区のユダヤ人の割合は区の総人口のほぼ四八％に達した。

これに次ぐのが第九区と第一区で、それぞれウィーンのユダヤ人の一二・三%と六・二%がここに居住し、こうしてこれら四区にウィーンのユダヤ人の約六六・五%が集中する(9頁、地図1参照)。

第二〇区分離以前の第二区のように、ユダヤ人が区の総人口の四八%近くに達すると、初等学校から大学への進学を前提とするギムナジウムにいたるまで、学校での交際や、あるいは隣近所の付き合いがユダヤ人同士で行われる率が高まらざるをえない。経済的、社会的上昇をめざすユダヤ人の教育熱はつとに知られるところだが、一九世紀末から二〇世紀はじめにかけて、ウィーンの人口に占めるユダヤ人の割合は九%弱であるのに対し、ギムナジウムの総生徒数に占めるユダヤ人の割合は三〇%前後に達する。レオポルトシュタットにあった二校のギムナジウムについて見れば、一九一〇年当時の区の人口に占めるユダヤ人の割合は約三四%であるのに対し、一校では五九・七%、もう一校では八一・五%がユダヤ人の生徒であり、後者では、学校の友人のほとんどすべてがユダヤ人ということになるだろう。同様に、第一区では、区の人口に占めるユダヤ人の割合は二〇・四%であるのに対し、二校のギムナジウムでは、ユダヤ人生徒が四〇%前後を占め、第九区では、区の人口に占めるユダヤ人の割合は二〇・五%であるのに対し、ギムナジウムのユダヤ人生徒の割合は六六・四%にのぼった(7)。

さらに職業においても、特定の分野へのユダヤ人の集中が存在する。法律上の差別が撤廃されても、キリスト教ヨーロッパ社会で数百年にわたって蓄積された偏見や社会的差別は容易に消え去るものではない。ギムナジウムから大学に進学したユダヤ人は、昇進で不利が予想される公務員や軍事・警察関係の仕事より、個人に能力さえあれば収入や名声を手に入れることのできる弁護士や医師、あるいは文筆業やジャーナリストをめざした。一八九〇年当時、ウィーンの弁護士六八一人のうち、三九四人がユダヤ人であり、一八八九／九〇年のウィーン大学では、医学部生の四八％がユダヤ人であった。(8)また一般に、世紀末ウィーンの若いユダヤ人の職業選好は、父や祖父の世代の商人から、銀行や保険会社等の行員やセールスマン、あるいは商社や企業の事務系社員へと移行する。工場労働者に占めるユダヤ人の割合はきわめて低い。住まいの近さに加え、こうした似たような職種への従事もまた、ユダヤ人同士の交際を親密化させた。

他方で、彼らに否応なくみずからがユダヤ人であることを思い知らせずにはおかなかったのが、執拗な反ユダヤ主義の存在である。日常的に体験する差別や差別的発言はもとより、一八八〇年代に入ると、チェコ民族主義の先鋭化に対抗して、ドイツ人の側からも新手の民族主義が登場した。その急先鋒が、第Ⅰ部第一章で述べたシェーネラーである。シェーネラーは、多民族国家の解体と純粋なドイツ人国家の設立を唱え、返す刀で公務員や学校、大学、文化的諸団体、ジャーナリズム等からのユダヤ人排除を唱えた。シェーネラーによれば、ユダヤ人はドイツ語をしゃべり、ドイツ文化をわが文化のごとく語っているが、チェコ人のようなスラヴ人にもましてドイツ人国家のドイツ的性格を脅かす存在だった。

ユダヤ人であることとは

こうして彼らは、ユダヤ人同士で親しく交わり、反ユダヤ主義者によって否応なくユダヤ人であることを意識させられたが、しかし、彼らは、いったい彼らの何によってユダヤ人であるといえるのか。彼らユダヤ人のみに共通する何かが存在するのだろうか。

彼らの価値判断や行動様式を規定しているのは、ユダヤ教信仰の敬虔な実践者を別にすれば、ユダヤ教ではない。いまの日本に「葬式仏教」という言葉があるのと同様、ウィーンのユダヤ人の大半は「三日間ユダヤ教徒」であり、ユダヤ教の新年であるロシュ・ハシャナと贖罪の日であるヨム・キプル、出エジプトを祝うペサハの大祭日にのみユダヤ教徒に立ち返った。

あるいは文学に着目するとき、確かに、たとえばアルトゥル・シュニッツラー(一八六二―一九三一)の戯曲『ベルンハルディ教授』(一九一二年)のような、世紀末ウィーンの反ユダヤ主義を扱ったユダヤ人作家ならではのテーマ設定というものが存在する。しかし、そのテーマの分析や解釈、それらの文学的表現は、はたして「ユダヤ的」なのだろうか。シュニッツラーの思考や文体は、彼が受けたドイツ語による教育のなかで鍛えられ、文学作品を生み出すにあたって彼が参照するのも、彼のユダヤ的教養ではなく、彼がドイツ語によって修得したドイツ的教養ではないだろうか。

それでは彼らのユダヤ人意識とは、いかなる文化に同化しようと、キリスト教に改宗しようとも変わることのない、古代パレスティナへと遡るルーツの記憶と結びついたユダヤへの原初的愛着とでもいうべきものだろうか。だが、これも微妙である。というのもウィーンのユダヤ人は、イディッシュ語をしゃべり、ユダヤ教信仰に凝り固まったガリツィアのユダヤ人と自分たちが同じユダヤ人と見なされることを神経質に嫌ったからだ。『ウィーン 最後のワルツ』でジョージ・クレア(一九二〇―二〇〇九)が回想するように[9]、ガリツィア出身のウィーン・ユダヤ人は、出身地ゆえの劣等感につきまとわれ、家族に残るガリツィアの痕跡をそぎ落とすことに必死だった。

結局、シュライバーが述べる通り、ウィーンのユダヤ人は、「出生と慣習、教養と文化、態度と感情において」ウィーンのドイツ人と変わらず、何か彼らのみに共通するものをつかみ出そうとしても、つかみ出したとたんにその輪郭が崩れてしまうのだが、にもかかわらず、彼らはそのエスニックなアイデンティティにおいて、ユダヤ人以外ではありえないと感じる人々だった。そんな彼らにとってオーストリア＝ハンガリー二重君主国がこの上なく心地よい祖国であったのは、多民族の君主国は、彼らのエスニック・アイデンティティに関して、とやかく弁明することを求めなかったからである。

彼らユダヤ人の理解によれば、一八六七年憲法によって民族の平等を認めた君主国が諸民族に求めたのは、民族を超越した存在であるオーストリアとその君主への忠誠、すなわちチェコ人であると同時にオーストリア人であること、ポーランド人であると同時にオーストリア人であること等々である。ここでのオーストリア人とは、実在する民族ではなく、君主国のすべての民族がそうであることを求められる理念にほかならない。そして、シュライバーが自負する通り、ユダヤ人は熱烈なオーストリア人であったのだ。だが、理念的存在であるオーストリア人とドイツオーストリア人は同じではない。後者は、君主国が各民族の国家に分解された後、ドイツ人の国家となったドイツオーストリアのドイツ人のことだ。旧オーストリアにおいて、ユダヤ人であると同時にオーストリア人であることは可能であったが、ドイツオーストリアにおいて、ユダヤ人であると同時にドイツ人であることはできるのか。

これに対して、ユダヤ人はドイツオーストリア国民だが、ドイツ人ではなく、ユダヤ人という少数民族を構成すると主張したのがユダヤ民族主義者たちである。

二　政治的ホームレス

ドイツ自由派の没落

一九世紀末から両大戦間期にかけて、国政選挙におけるウィーンのユダヤ人の投票行動を分析したウォルター・サイモンは、投票先を失った彼らを「政治的ホームレス」と呼んだ(10)。彼らのホームレス化は世紀末に始まる。

一八六七年一二月の立憲体制への移行後、ウィーンのユダヤ人有権者が一貫して支持したのは、彼らと一八四八年ウィーン三月革命の記憶を共有するドイツ人リベラリストの陣営、すなわち反封建、反教権のドイツ自由派である。ユダヤ人にとって、一八四八年革命こそ彼らの解放の出発点であった。ドイツ自由派は、「ドイツ」を冠し、ドイツ文化の優越を確信するものの、その出発点においては狭隘なドイツ民族主義の信奉者ではない。彼らの「ドイツ」は、カントやゲーテの精神に代表される世界市民主義に開かれた「ドイツ」に通じ、ウィーンのユダヤ人が言語的、文化的に同化したのは、この「ドイツ」だった。階層的にはドイツ自由派は、一八五〇年代の自由主義経済政策の恩恵を受けた上・中流のブルジョワ階層に支えられる。一八七三年の選挙法改正で、帝国議会議員が「大地主」「都市」「商工会議所」「地方共同体(大・中の農業者)」の四クーリエから直接選挙で選出されるようになって以後、男性人口のわずか約六%しかカバーしない身分と財産に基づく有権者制限と、帝国の支配民族であるドイツ人が議席の過半数を確保できるように設計された選挙制度のもとで、ドイツ自由派の陣営は、一八九六年の選挙法改正まで、議席を減らしながらも政治的優位を保った。

しかし、第Ⅰ部第一章で述べたように、一八九六年の選挙法改正による第五クーリエの導入で二四歳以上の男性に議員選出枠が配分され、さらに一九〇七年の改正でクーリエ制の廃止と男子普通選挙が実現されると、帝国政治は本格的に大衆政党の時代に移行する。一九〇七年の帝国議会選挙では、ブルジョワ自由主義陣営は五一六議席中わずか二〇議席しか確保できず、かわって躍進したのが、両者合わせて九六議席を得たキリスト教社会党ならびに保守派の陣営と、八七議席を得た社会民主主義陣営であった。依拠するイデオロギーは異なるが、両陣営がともに唱えたのは、自由主義経済競争の弱者である中間層や労働者のための社会改革の必要である。雑多なグループの集まりであるドイツ民族主義陣営も九〇議席を獲得する。かつてのドイツ自由派の政治家やそのドイツ人支持者は、一方では労働者による階級形成の圧力を受け、また一方では諸民族の民族主義の圧力を受けつつ、一部はキリスト教社会党陣営へ、一部はドイツ民族主義陣営へと合流した。

ドイツ自由派の没落、変質に当惑を隠せないのがユダヤ人だった。ドイツ民族主義陣営の「ドイツ」は、当時はなお穏健な民族主義であったといえども、ドイツ自由派の「ドイツ」と異なり、ウィーンのドイツ文化に同化したユダヤ人を包摂するものではない。したがって、ユダヤ人がその支持者になることは困難であった。だが、他方で民族を差別しない社会民主党も、みずから社会主義者でないかぎり、無条件で彼らの新たな投票先にはなりえなかった。社会民主党はプロレタリアの政党であることを標榜し、自営業者やホワイトカラーのサラリーマンなど、ユダヤ人のほとんどが属する「プチ・ブル」のための政党ではない。その経済政策は、しばしば「プチ・ブル」ユダヤ人の利害に反した。しかし、また「プチ・ブル」の政党であるキリスト教社会党は、党名に「キリスト教」を冠し、反ユダヤ主義者のルエーガーが率いる政党だった。

ユダヤ民族評議会

この八方塞がりの状況に対して、チェコ人がチェコ人の政党に、ポーランド人がポーランド人の政党に投票するように、ユダヤ人はユダヤ人の政党に投票すべきだと主張したのがシオニストである。男子普通選挙が実現され、選挙区によっては、ユダヤ人有権者の票がまとまればユダヤ人議員選出の可能性も出てくると考えられた。そのため、一九〇六年七月一日にクラクフで開催されたオーストリア・シオニストの大会は、パレスティナでのユダヤ国家設立運動と並行して、現在の居住国オーストリアでユダヤ人の民族的権利の獲得をめざす国内政策《ランデスポリティーク》の推進、ならびにオーストリアの全ユダヤ人を代表する政党としてユダヤ民族党（Jüdische Nationalpartei）の設立を決定する。シオニスト大会に続いて開催された同党の大会では、党綱領にユダヤ人を含むオーストリア諸民族の民族自治要求が盛り込まれたが、自治の詳細には踏み込まれなかった。

こうして臨んだ一九〇七年の初の男子普通選挙で、ユダヤ民族党はオーストリアの全ユダヤ人を代表すると称しながら、実際にはガリツィア、ブコヴィナのシオニストはそれを認めず離反するなど、波乱含みではあったが、とにかくガリツィアの選挙区から三人、ブコヴィナの選挙区から一人のユダヤ民族主義候補が当選し、帝国議会内にユダヤ・クラブを結成する。しかし、次の一九一一年の選挙で再選されたのは、四人のうちブコヴィナから当選した一人のみであった。

ガリツィアは、一九〇〇年当時で約八一万人、ブコヴィナは約九万六〇〇〇人のユダヤ人人口をもつ。しかも彼らの多数はイディッシュ語を話し、ユダヤ教独自の風俗習慣を維持していた。ガリツィアやブコヴィナに限れば、ユダヤ人を当地のポーランド人やウクライナ人とは言語的にも文化的にも異なる民族と認めることに少しは意味があったかもしれない。しかし、そのガリツィアやブコヴィナでさえ、ユダヤ人有権者が一致してユダヤ民族主義候補に投票したわけではなかった。まして一九一八年の君主国の崩壊で、状況は劇的に変わった。一九二三年のオーストリア第一共和国のユダヤ人人口はわずか約二二万人である。そのうち約二〇万人がウィーンに集中していたが、先に述べたように、彼らのほとんどは文化的にはドイツ文化に帰属した。この同化ユダヤ人の都と呼ばれたウィーンで、シオニストは何をしようというのか。しかし、シオニスト国内政策の闘士、ローベルト・シュトリッカー（一八七九－一九四四）の動きは迅速だった。

一九一八年一一月一二日のドイツオーストリア共和国設立宣言に先立つ一一月四日、シュトリッカーは、ユダヤ人のさまざまな組織から同志五二人を集めてドイツオーストリア・ユダヤ民族評議会を設立する。彼らは、ドイツオーストリア国家評議会に対して「覚書」を提出するとともに、一一月八日付けのシオニストの新聞『ユダヤ新聞』に、ユダヤ人に宛てた「マニフェスト」を公表した(11)。それらで明らかにされたユダヤ民族評議会の要求の中核は、ドイツオーストリアのユダヤ人を一つの民族として承認すること、文化や、とりわけ教育など、ユダヤ民族のみにかかわる事柄に関して、ユダヤ人がそれらを自治的に決定し、執行する権利を認めることである。そして、その決定ならびに執行の機関となるのは、既存のユダヤ教徒の信徒共同体《ゲマインデ》（正式名称は Israelitische Kultusgemeinde Wien）にかかわるユダヤ人の民族ゲマインデ（Volksgemeinde）であるとされた（以下では、両者の区別が問題となる場合を除き、ゲマインデとのみ記す)。

ユダヤ民族評議会の暴走に仰天したのが、信徒ゲマインデの理事会である。ユダヤ教徒の信徒ゲマインデは、一八九〇年三月二一日の法に基づき国家によって公認されたユダヤ教徒の自治的団体であり、ユダヤ教徒はすべて、本籍権や国籍の有無にかかわりなく、その居住地のゲマインデに所属することが義務づけられた。ゲマインデは、構成員からゲマインデ税や各種の手数料を徴収し、構成員のために宗教、文化、福祉にかかわる事柄を自治的に執り行う権利を持ち、国家に対しては、構成員の出生、死亡、結婚など、身分の変更にかかわる事柄を記録し、事業・会計報告を行う義務を負ったが、ユダヤ民族を政治的に代表する機関ではない。一八六七年のオーストリアの憲法は、すべての民族の平等を謳い、定められた条件のもとで諸民族が自民族の言語で初等教育を受ける権利を保障していたが、まとまった居住地域を持たず、共通と見なしうる独自の日常使用言語を持たないユダヤ人は、そのような権利の保障の対象となる民族とは認められていなかった。ところが君主国崩壊後、ユダヤ民族評議会は、今後、ドイツオーストリアの全ユダヤ人はユダヤ民族ゲマインデに組織され、それを政治的に代表するのがユダヤ民族評議会だと宣言したのである。しかし、目下の信徒ゲマインデの理事会は、曲がりなりにも一九一二年の信徒による選挙で選出されたものであるのに対し、ユダヤ民族評議会はユダヤ人のいかなる選挙にもよらず、シオニストが勝手に設立した組織であり、またシオニスト各派が対立、分裂している状況下では、ドイツオーストリアのシオニスト全体を代表する組織とすらいえなかった。

繰り返し言えば、旧オーストリアにおいて、ユダヤ教徒は存在したが、民族的権利の行使主体となるべきユダヤ民族は法的には存在しなかった。ドイツオーストリア共和国においてもこれに変わりはない、というのが信徒ゲマインデの理事会の立場だった。『ユダヤ新聞』にユダヤ民族評議会のマニフェストが掲載されたのと同日、信徒ゲマインデの理事会は、『ブロッホ博士の週報』紙上に、ゲマインデの構成員宛ての「声明」を掲載した。声明はいう。ウィーンおよびドイツオーストリアのユダヤ人の多数は、理事会と立場を同じくしている。民族についていえば、ウィーンのユダヤ人は「誰でも、その信念に従い、**みずからが属すると信じる民族への帰属を誓うことにおいて**完全に自由でなければならず、また将来も自由であらねばならない[12]」。

これに対してユダヤ民族評議会は一二月三日に声明を出し、われわれはユダヤ民族に帰属するユダヤ人のみを代表する。みずからの意思によってユダヤ民族に帰属しない者たちの利益の擁護は、われわれの義務ではなく、その者たちが属する民族の代表者の義務となる、と切り返す[13]。みずからをドイツ人と感じるユダヤ人はドイツ人に守ってもらえばよかろうと、反ユダヤ主義が過激化するドイツオーストリアで、ドイツ同化ユダヤ人の痛いところを突いたのだ。確かに、反ユダヤ主義的ドイツ民族主義の急進化は深刻な問題だったが、ウィーンのユダヤ人の多くは、自分たちが民族と認められることによってそれが解決されるとは考えなかった。彼らにとって、教育における民族自治権など無意味であるばかりか、逆に民族としての承認は、ユダヤ人の人口比率に対応した大学入学者数制限枠の設定など、ユダヤ人差別のために悪用されかねなかった。

ユダヤ人票の行方

一九一九年二月一六日実施の憲法制定国民議会選挙で、[14]ウィーンのユダヤ人有権者のほとんどはシュトリッカーにそっぽを向く。シュトリッカーは、戦前の党を再編したユダヤ民族党(Jüdischnationale Partei)から立候補し、ウィーン北東地区選挙区で独自リストに対して七七六〇票を得るが、レオポルトシュタットとブリギッテナウというユダヤ人集住地区を含むこの選挙区でさえ、自力での当選に必要な一万五〇〇〇票にははるかに及ばなかった。シュトリッカーが当選できたのは、連結リストを組んだおかげである。これによって、シュトリッカーより獲得投票数が少なかったリベラル派の候補者二名の票がシュトリッカーに加算された。

一九一九年の国会でシュトリッカーは、ただ一人、反ユダヤ主義と闘う議員であったが、ウィーンのユダヤ人にとっては迷惑な存在でもあった。同年一〇月二一日の国会で、来る一二月三一日実施予定の人口調査の調査項目にかかわる議論が行われたさい、キリスト教社会党の反ユダヤ主義議員により、調査項目として、従来の日常使用言語調査のほかに、「民族的帰属」を問う項目を入れるよう提案がなされた。他方で同内容の提案を行い、人口調査において、ユダヤ人に対してユダヤ民族への帰属の表明を認めるように要求したのがシュトリッカーである。彼は、「われわれはドイツ語を日常使用言語としてはいるが、ドイツ民族には帰属しない」と気勢を上げたが、先述のサン・ジェルマン条約第八〇条の適用をめぐるヴァーバーの議論を先取りするかのような彼の演説に拍手喝采を送ったのは、反ユダヤ主義者たちの方だった。これに対して首相レンナーは、現行の国家行政法ではユダヤ民族は存在せず、人口調査においてその存在を認めることはできないとして両者の提案を退け、さらにシュトリッカーに向かって、ユダヤ人を民族と認めるべきか否かについては、ユダヤ人自身が一致していないことを指摘した[15]。

一九二〇年一〇月一七日の第一回国民議会選挙では、選挙法改正により、小政党には有利であった連結リストが禁止された。ユダヤ民族党はウィーンのすべての選挙区で独自リストで闘い、北東地区選挙区では九七二五票を得たものの、もはやリベラル派からの加算は得られず、シュトリッカーは落選した。ユダヤ人が約一割を占めるウィーン全体で、ユダヤ民族党が獲得したのは一万八三五八票で、全投票数の二％弱である。ウィーンのユダヤ人は、自分たちがオーストリアの少数民族と認められることなど望んでいなかった。結局、一九一九年の選挙のシュトリッカーを例外として、その後の国政選挙でユダヤ民族主義を掲げる候補者が当選することはなかった。一九二〇年の第一回選挙から一九三〇年のオーストリア第一共和国最後の民主的選挙まで、国政選挙では、キリスト教社会党と社会民主党が第一党と第二党を争い、それに第三の勢力としてドイツ民族主義者の陣営が続いた。ユダヤ民族評議会は、一九二〇年一一月二一日開催の総会で、信徒ゲマインデが民族ゲマインデになる日まで活動を続けることで合意したが、これが最後の総会になった[16]。

キリスト教社会党は、自由主義経済競争のなかで没落の危機感を抱く小市民層を支持基盤として登場する。同党の反ユダヤ主義は、資本主義の恩恵を受けて増長し、それを牛耳るユダヤ人に対する闘いとして正当化された。これに対して、資本主義によって搾取される労働者のための政党である社会民主党は、階級闘争を闘う政党であり、いかなる反ユダヤ主義も否認する。それゆえ両大戦間期のユダヤ人有権者は社会民主党に投票した。しかし、社会民主党は、党の創設者であるアドラーをはじめとして、少なからぬユダヤ人の党員を擁しながら、反ユダヤ主義と闘ってくれるわけではなかった。彼らにとって、キリスト教社会党が唱えるような反ユダヤ主義は、資本主義社会の諸矛盾の元凶をユダヤ人に帰しつつ、似非社会主義的社会改革を掲げる「愚か者の社会主義」であり、したがって真の社会主義社会が実現され、資本主義社会の諸矛盾が消滅すれば、反ユダヤ主義もまた消滅する定めにあるとされた。この歴史決定論は、眼前の反ユダヤ主義の横行に対して、結局、何もしないという態度に行きつく。シュトリッカーが議席を失った後、国会で公然と反ユダヤ主義と闘う議員はもはやいなかった。

ゲマインデの民主化

国政からゲマインデ政治に目を転じれば、先に述べたように、一九一八年のゲマインデの理事会は一九一二年に信徒の選挙によって選出された。しかし、その後は、通常なら二年ごとに行われるはずの選挙が第一次世界大戦のために控えられたままになっていた。しかし、それをさておいても、目下の理事会がどれほどゲマインデを代表しているのか、問題だった。というのも、理事会選挙で選挙権を行使できたのは、当該の選挙に先立つ少なくとも二年間、その財産や収入、家族構成に配慮して額が決定されるゲマインデ税を納めた男性に限られ、さらに納税者のうち、年額二〇〇クローネ以上の高額納税者には、理事会理事三六人のうち、一二人を独占的に選出する権利が与えられていたからである。一九一二年の理事会選挙についていえば、ウィーンのユダヤ人人口約一七万五〇〇〇人のうち、有権者は一万八六三二人、特権的選挙枠をもつ高額納税者は一一三四人であったが、投票されたのは一九六〇票で、投票率は一一％という有様だった。つまり、理事会は選挙で選ばれるといっても、実際には一握りの金持ちユダヤ人の意向が強く反映されたものであり、他方で一般ユダヤ人の選挙に対する無関心がそれを許していたことが見てとれよう。第一次世界大戦後、理事会に対し、このいびつな選挙制度の民主化を迫ったのがシオニストたちだった。

ゲマインデ選挙の有権者は、一九一九年の暫定的改革を経て、一九二四年に実現された選挙制度改革で、当該選挙に先立つ二年間、年額、最低〇・二五シリング以上のゲマインデ税を納めた成人男女に拡大される。その結果、一九二四年一一月九日の選挙では、有権者は三万五一二六人に拡大した。シュトリッカーが議席を失った後、国政選挙から撤退したシオニストは、この改正選挙制度のもとでゲマインデの主導権を握るため、理事会選挙闘争に集中する。国政レベルでリベラリズムが退潮した後も、ゲマインデでは、長らくリベラルな価値観を信奉するブルジョワ・ユダヤ人が主導権を握り続けたが、ようやく一九三二年の選挙で、理事三六人のうち、二〇人の多数をシオニスト派が占めることに成功した。一九三六年の選挙でも、もはやシオニスト派の優位は揺るがなかった[17]。

この結果をゲマインデにおけるリベラル派の終焉と見ることはできよう。しかし、この結果をもって、政治的に寄る辺のないウィーンのユダヤ人社会がシオニストのユダヤ民族主義への共鳴を深めたかのように考えるのは誤りである。ウィーンのユダヤ人のシオニズム理解は混乱していた。彼らは、オーストリアにおいて自分たちユダヤ人が民族と見なされることを拒否し、彼らにとって国内におけるシオニストの民族主義政策は端的に無意味であった。一方、シオニストによるパレスティナでのユダヤ国家設立運動に対しては、それが自分たちの現状に影響を及ぼさないかぎりで共感を示す者も少なくなかった。彼らの理解において、パレスティナ移住は、たとえばポーランドのユダヤ人のような貧困と迫害に苦しむユダヤ人のための救済策の一つであった。ゲマインデの主導権を握ったシオニストにしても、現在のオーストリアでユダヤ人の民族的権利の獲得をめざす国内政策の無意味さは承知していた。彼らは、パレスティナへの移住事業の促進をはかりつつ、国内では、第一次世界大戦敗戦後、とりわけ一九二九年の世界恐慌後、窮乏化するユダヤ人に対する喫緊の救貧対策に集中せざるをえなかった。

三　ユダヤ人社会の窮乏化

深淵よりも深く

独立当時、生存能力を持たないといわれた「残骸国家」オーストリアで、ユダヤ人社会だけが危機を免れることなどありえない。第一次世界大戦中、一九一六年にガリツィアから難民の一人としてウィーンに到着したユダヤ人、マネス・シュペルバー(一九〇五—一九八四)は、後の回想録で、一家が底なしの貧困に陥ってゆくときの感覚を次のように表現している。

底に達したと思ったとたん、ちょっと間をおいて、さらに深くへ落ちている。『深淵よりも深く』というタイトルを私は長編小説のタイトルにつけたことがあるが、ある批評家は、「それはありえない。深淵とは最も深いところをさすのだから」と言って、これを批判した。一九一六年から一九一八年のあいだに、私は、落ちるたびに、それが別の、より深きところへの落下を生じさせうること、深淵には底がないことを、数えきれないほどの個々の事例をもとに、しかも一段一段と沈んでゆくなかで体験するようになった。(18)

それでも父が救貧食堂の会計係の職を得て、狭くても一家だけで住めるアパートの一室を借りることができたシュペルバー一家は恵まれた方だった。ブルーノ・フライ(一八九七―一九八八)は一九二〇年に写真入りの『ウィーンのユダヤ人の貧困』を出版したが、そこで「難民の家」と題された一節によれば、ヘルナルス大通りのエルタライン広場からほど遠くないところに二軒の小さな荒れはてた家があり、一軒は二階建て、もう一軒は平屋だった。家の所有者であるウィーンの銀行は、それらを壊して新しい銀行を建設する予定だったが、戦争ですべての計画がつぶれ、そこに住みついた戦争難民が二軒の家の主になった。いままでは家賃もとられぬかわりに、彼らにかまう者は誰もいない。彼らは、家ごと社会から見棄てられた状態だった。大きい方の家にはユダヤ人家族一八組と非ユダヤ人家族一組、小さい方にはユダヤ人家族五組と非ユダヤ人家族三組がひしめき合って住み、表通りと中庭を結ぶ湿っぽい通路までが寝場所に使われた。そこに、ひどいリューマチにかかった老女が横たわっていたが、ブコヴィナ出身のユダヤ人である彼女は、周囲の人や同郷人の同情にすがって、かろうじて生きていた。(19)

表2　ゲマインデの福祉関係収支（1925-28 年）

年	収入	支出	赤字
1925	883,767	1,696,390	812,623
1926	965,501	1,765,664	800,163
1927	969,432	1,900,513	931,081
1928	1,085,184	2,052,469	967,285

（単位：シリング）

出典：*Bericht der Israelitischen Kultusgemeinde Wien über die Tätigkeit in der Periode 1925-1928*, Tabelle III. *Bericht der Israelitischen Kultusgemeinde Wien über die Tätigkeit in der Periode 1929-1932*, Tabelle III.

ユダヤ人であることの不幸

社会主義者であったフライは、同胞の貧困を顧みない金持ちユダヤ人のことを憤る。しかし、第一次世界大戦後、以前は気前のよい寄付者であった彼ら自身が資産を失って貧困化していた。近代以前の封建的社団を構成単位とした国家・社会において、ユダヤ教徒の共同体もまた一定の自治を認められた社団の一つであり、共同体内の貧困者の問題は、みずからの社会の内部で解決された。この自助の構造は、封建的社団が解体され、ユダヤ教徒もまたキリスト教徒と法的に平等な市民社会の一員となった後も、たいして変わらなかった。というのもユダヤ教徒が公の救貧事業の恩恵を受けるには、困難がつきまとったからである。公立の救貧院や孤児院では、管理人はキリスト教徒であり、施設もまたキリスト教の精神や慣習に従って運営されるのが普通だった。食事や安息日など、ユダヤ教徒の生活習慣を少しでも守りたい者は、そのような施設から事実上排除されているに等しく、またそうではない世俗的なユダヤ人にとっても、キリスト教徒が多数を占める施設は居心地のよいものではない。そこで病院や施療院、孤児院や老人ホームなどの福祉施設の経営や、貧しい家庭や児童に対する援助、各種の慈善団体への資金援助など、ユダヤ人のための社会福祉は、ゲマインデの最も重要な事業であり続けた。

しかし、ゲマインデの福祉関係収支表（表2）が示すように、第一次世界大戦後、支出は増加し続ける一方で、それに見合う収入は得られなかった。

一九二八年のゲマインデの活動報告書は、次のように書く。

「福祉関係」という項目で、ゲマインデの出費が恒常的に増大していること、福祉関係のために組まれた予算には、つねに予算超過措置が必要となること、さらにまた寄付金や献金が減少していること、これらのことから少なからず明らかとなるのは、近年、ウィーンのユダヤ人社会の貧困化がかなり進んでいるということ、またその一方で経済事情の転変により、ゲマインデ構成員の献身的精神が鈍くなっているということである[20]。

世界恐慌はユダヤ人社会の貧困に拍車をかけた。一九二五年当時からゲマインデは、別個に連携なく活動していた各種の慈善団体の統廃合を進め、三〇年四月に救貧活動を一元的に取り仕切る「社会福祉中央委員会」を設立した。同委員会の一九三二年の報告書は、次のように書く。

指摘しておかねばならないことは、ウィーンのユダヤ人の貧困化はまさしく破局的な勢いで進行しており、今後も特別の、これまでの枠組みを越える規模の措置が必要とされることである。われわれの福祉窓口に詰めかける貧しい人々を自分の目で見た人なら気づくであろうが、遺憾ながらすでに二〇年も三〇年もわれわれの世話を受けている人々と並んで、いまでは、もと中流階級に属していた人や、それどころかもとは裕福な階層に属していたような人々の数が日毎に増え続け、物質的な援助を乞わなければならなくなっている。[21]

委員会は、誰がどのような福祉を受けているかを明らかにする台帳を作成したが、台帳に登録された者は、一九三六年には人数にして約六万人、ウィーンのユダヤ人人口の三分の一以上にのぼった。[22]恐慌の打撃を受けたのはユダヤ人だけではない。「しかし、失業していて、かつユダヤ人であることは、あらゆる希望が消え失せてしまうほどの不幸である。ユダヤ人の会社も、大小の銀行も、もはやユダヤ人を雇わない。貧困は、まさしくユダヤ人のあいだで急速に広まっている[23]」。

一九三四年五月のドルフス体制のもとでの新憲法は、条文上はすべての国民の平等を保障していたが、職業機会からのユダヤ人排除は露骨だった。一九三七年六月二五日付けのシオニストの新聞『シュティメ〔声〕』は、同月一七日にウィーンのゲマインデ本部で行われた会議について報道している。会議の主催者は、ユダヤ人に対して無料で職業紹介をしている団体であったが、席上、関係者は嘆いた。われわれの諸権利は、憲法条文上は保障されているが、われわれの生きる権利は、制度的には保障されていない。ユダヤ人は、理由がそれとはわからないような形で、意図的に職に就けないようにされている。そのため、無収入の者の数は増すばかりで、いまやユダヤ人の大衆的貧困を問題にしなければならなくなっている。[24]

両大戦間期オーストリアでは、ナチ・ドイツのような反ユダヤ法は制定されず、経済のアーリア化も執行されたわけではない。しかし、真綿で首をしめるように、オーストリアにおけるユダヤ人の生存条件は奪われていった。

(1) Heinrich Schreiber, Die Juden und der Deutschösterreichische Staat, in: *Dr. Bloch's Wochenschrift*, 25. Oktober 1918, S. 673.
(2) Ebd., S. 675.
(3) M. L. Rozenblit, The Crisis of Identity in the Austrian Republic, in: Michael Brenner and Derek J. Penslar (eds.), *In Search of Jewish Community. Jewish Identities in Germany and Austria 1918–1933*, Bloomington/Indianapolis 1998, p. 136f.
(4) メンデル・ノイグレッシェル『イディッシュのウィーン』(野村真理訳、松籟社、一九九七年)の一八頁以下を参照。
(5) ヨーゼフ・ロート『放浪のユダヤ人』平田達治・吉田仙太郎訳、法政大学出版局、一九八四年。
(6) ウィーンのユダヤ人の居住地と職業構成について、詳しくは、野村『ウィーンのユダヤ人』第一部第一章第一節を参照。
(7) Rozenblit, *The Jews of Vienna*, p. 105.
(8) Hans Tietze, *Die Juden Wiens. Geschichte, Wirtschaft, Kultur*, Nachdruck von der ersten Ausgabe 1933, Wien 1987, S. 232.
(9) George Clare, *Last Waltz in Vienna. The Destruction of a Family 1842–1942*, London 1981. ジョージ・クレア『ウィーン 最後のワルツ』兼武進訳、新潮社、一九九二年。
(10) Walter B. Simon, The Jewish Vote in Austria, in: *Leo Baeck Institute Yearbook*, XVI, 1971, p. 103.
(11) *Jüdische Zeitung*, 8. November 1918, S. 1.
(12) *Dr. Bloch's Wochenschrift*, 8. November 1918, S. 1. 太字は、原文では隔字体で強調されている。

(13) *Neue Freie Presse*, 4. Dezember 1918, S. 6.

(14) この選挙ではじめて女性も選挙権を得た。

(15) *Stenographische Protokolle über die Sitzung der konstituierenden Nationalversammlung der Republik Österreich 1919 und 1920*, Bd. 2, S. 875f. 詳しくは、野村『ウィーンのユダヤ人』三三三頁以下を参照。

(16) *Wiener Morgenzeitung*, 28. November 1920, S. 2.

(17) ゲマインデの理事会選挙制度の詳細については、野村『ウィーンのユダヤ人』三二八頁以下を参照。

(18) Manès Sperber, *Die Wasserträger Gottes*, Wien 1974, S. 174. マネス・シュペルバー『すべて過ぎ去りしこと……』鈴木隆雄・藤井忠訳、水声社、一九九八年、一四四頁。

(19) Bruno Frei, *Jüdisches Elend in Wien*, Wien/Berlin 1920, S. 89f.

(20) *Bericht der Israelitischen Kultusgemeinde Wien über die Tätigkeit in der Periode 1925–1928*, S. 37.

(21) *Unser Fürsorge Werk. Mitteilungen der Israelitischen Kultusgemeinde Wien*, Nr. 6 (Juli 1932), S. 3.

(22) *Bericht des Präsidiums und des Vorstandes der Israelitischen Kultusgemeinde Wien über die Tätigkeit in den Jahren 1933–1936*, S. 63.

(23) *Unser Fürsorge Werk. Mitteilungen der Israelitischen Kultusgemeinde Wien*, Nr. 2 (Mai 1931), S. 3.

(24) *Die Stimme*, 25. Juni 1937, S. 4.

第Ⅱ部　ホロコースト

はじめに

一九三八年三月一一／一二日の一夜で、ウィーンの街の風景は一変した。

一カ月前の二月一二日、ヒトラーからベルヒテスガーデンの山荘に呼び出されたシュシュニクは、いわゆる「ベルヒテスガーデン協定」への署名を強要される。協定は、ナチ党員であるアルトゥル・ザイス＝インクヴァルト（一八九二―一九四六）の内務大臣就任や、逮捕されていたナチ党員の解放、ナチ運動の公認、外交政策、経済政策においてドイツとの協議を求めるなど、オーストリアの国家主権の明白な侵害だった。

二月二〇日のドイツ国会でヒトラーが、オーストリアのドイツ人は「その意思に反し、講和条約によってドイツ帝国との統合を妨げられた」と述べたのに対し、危機感を強めたシュシュニクは二四日の議会で、「政府はその力のかぎりをつくし、祖国オーストリアの完全なる自由と独立を維持することを政府の第一の、そしてまた自明の義務と考える」と述べる。そのさいシュシュニクが密かに頼ったのが、一九三四年二月の武装蜂起鎮圧後に非合法化した社会民主党や共産党系の地下運動家や労働組合の指導者だった。シュシュニクは彼らと接触して自由な労働運動の復活を約し、彼らの協力を得て局面打開を試みる心づもりを示す。政府による弾圧に恨みを残す彼ら左派もまた、ここはナチ・ドイツとの合邦に反対するため、労働者の動員へと動いた。三月九日に発表された「自由でドイツ的、

図5　1938年3月10日，3日後に実施予定の国民投票でオーストリア独立への支持を呼びかける人々
荷台側面には，クルト・シュシュニクの顔を描いたポスターが張られている．

独立的、社会的、キリスト教的にして統一的なオーストリア」の存続の是非を問う国民投票の実施は、シュシュニク最後の賭けだったが、三月一三日に投票が実施されれば、オーストリア独立支持が多数を得る可能性は十分あった[1]。

ウィーンでは、ドルフス＝シュシュニク体制を支える祖国戦線の隊員たちが、ステンシルで建物の壁や路上に独立支持を呼びかける「Ja《ヤー》（賛成）」の文字や、体制のシンボルマークである撞木《しゅもく》十字を書いて回った。「赤白赤を守り抜け」と叫ぶ男女を乗せたトラックが街から街へとビラを撒きながら走り回り、デモ隊が、シュシュニクとオーストリアへの忠誠を呼びかけながらウィーン全区を行進した。『ウィーン 最後のワルツ』のクレアは、ウィーンがこのような熱狂にあふれたのは、一九一四年八月、群衆が第一次世界大戦の勃発を歓呼して迎えたとき以来のことだと書く[2]。

しかし、オーストリアの抵抗もここまでだった。三月一一日、ヒトラーは最後通牒を送り、国民投票の中止とシュシュニクの退任を要求する。国境には、すでにドイツ軍が集結していた。クレアによれば、一一日の午前中にはもう国民投票延期の噂が流れていたという。しかし、ラジオが中止を告げたのは、夕方になってからだった。同時にラジオから流れる音楽は、昨日までの勇壮な軍隊行進曲から物悲しいクラシックに変わる。そして一九時五〇分、シュシュニクはラジオを通じて国民に対し、ドイツの最後通牒とそれに対するオーストリアの無抵抗を告げ、演説の最後を「神よ、オーストリアを守り給え！」と結んだ。クレア家のラジオの周りには、クレア一家と、知り合いのオルンシュタイン一家が集まっていたが、誰もが押し黙ったままだった。明日の、いや、すでに今夜の自分たちを待ち受けているものは何なのか。演説終了後まもなく、クレアが住まいの窓から見たのは、金切り声をあげて叫ぶ男たちを満載し、ハーケンクロイツの旗をたなびかせるトラックだった。男たちは袖にハーケンクロイツの腕章をつけ、ナチの突撃隊の帽子をかぶっている者や鋼鉄のヘルメットをかぶっている者もいた。彼らは「民族は一つ、帝国は一つ、総統は一人」「ユダヤ、くたばれ、ユダヤ、くたばれ」とわめいていた(3)。

日付けが一二日に変わった深夜二時、シュシュニクは首相府を去る。明け方、ドイツ軍は、新首相ザイス＝インクヴァルトの要請に応じるという名目で国境を越え、オーストリアに入った。進軍路ではオーストリア・ナチが受け入れ態勢を整え、ドイツ軍は住民のナチ式敬礼と花によって迎えられる。建物にはハーケンクロイツの旗がはためいた。ヒトラーは、一二日の午後四時頃、生まれ故郷のブラウナウ・アム・インを通過し、午後七時にリンツに到着、翌一三日、同地にて「オーストリアとドイツの再統一法」を起草する。そして、一日おいた一五日、ウィーンの王宮前の英雄広場で新王宮のバルコニーに立ち、熱狂する群衆を前に、かつて一九一九年に否認された合邦の成立を告げた。両大戦間期オーストリアの政治に深くかかわり、反合邦の思想的支柱であったはずのカトリック教会では、ナチ版「文化闘争」を予感してか、枢機卿テオドール・イニツァー(一八七五―一九五五)をはじめとして、司教たちが、いち早く合邦への賛意とヒトラーへの忠誠を宣言した。

クレアは、もとのオーストリアでの実名はクラールであり、クラール一族の歴史は、四代遡ればハプスブルク帝国領ガリツィアに行きつく。三月一一日の夜を回想してクレアは、この日、「オーストリアでの私たちの生活、かくも長い間この国と密接に結びついていたわが一族の歴史が終わった」と書く(4)。一九三八年一一月一一日、ベルリン経由でアイルランドへと出立したクレアは、もはや二度とオーストリアの人となることはなかった。彼と別れ、パリへと移住した両親は、ヴィシー政権下で一九四三年、アウシュヴィッツに移送され、もはや生きて帰ることはなかった。一家の運命は、三月一一日以後、ウィーンのユダヤ人を襲った同様の運命の一つだ。

第Ⅱ部では、この日からウィーンのユダヤ人社会が消滅する日までを追うが、第一章では、第二次世界大戦開戦以前のユダヤ人の国外脱出について述べ、第二章では、開戦後に始まる東部への移送について述べる。

(1) この時点でシュシュニクは、オーストリア国内のナチ党支持者は二五―三五%程度と推測しており、社会民主党系の反ナチ陣営その他の協力が得られるなら、国民投票でオーストリア独立支持が多数を得ることは可能だと考えていた。

(2) Clare, op. cit., p. 174. 前掲訳書(第Ⅰ部第三章注(9))、二七一頁。

（3）ibid., p. 177. 同訳書、二七六頁。
（4）ibid., p. 178. 同訳書、二七八頁。

第一章　エクソダス

一　合邦の衝撃

総統に感謝しよう

一九三八年四月一〇日、ナチ・ドイツとの合邦に対する賛否を問う国民投票が行われた。すでに合邦反対の活動家は亡命したり、検挙されたりしており、さらにユダヤ人など約三六万人が選挙資格を奪われていたが、それでも九九％以上が賛成という数字は圧倒的である。賛成票を投じた国民のあいだに、オーストリアの政治的、経済的危機をどうにもできないシュシュニク体制に対する不満と、救世主ヒトラーに対する熱い期待があったことは確かだ。世界恐慌の打撃は深刻で、一九二九年には、一八六三年創立のボーデンクレディートアンシュタルト銀行が倒産、一九三一年には、同行を引き取ったオーストリア最大の銀行クレディートアンシュタルトも倒産した。一九三二年から三三年にかけて経済危機は頂点に達し、一九三三年二月の最大時で、失業保険金を受給している失業者が四〇万二〇〇〇人、これに失業保険の受給期間が切れた者を加えると、人口六七六万人の国家で失業者は推定六〇万人に達した[1]。疲弊しきった人々がナチに期待したのは、ナチがドイツにもたらしたのと同じ奇跡の経済復興である。事実、合邦後、ナチの雇用促進政策により、一九三八年一月に四〇万一〇〇一人であった失業者数は、同年九月には九万九八六五人に激減した[2]。特に政治に関心のない人々も、実利や地位のためならナチ党に入党した。一九四二年に、ナチ党の党員あるいはナチ党関係者として登録された者は六八万八四七八人である[3]。

しかし、他方で国民のあいだで、自分たちもまたその一員となる大ドイツ帝国が、どこまでどのようにイメージされていたのか、どうもよくわからない。「ドイツとオーストリアの再統一」は、合邦というよりオーストリアのドイツ帝国への吸収であったが、はたしてナチ時代のオーストリアの人々にとってヒトラーは、どこまでわが総統だったのか。ベルリンは、わが帝国のわが帝都と感じられたのだろうか。やがてウィーンでは、かつてハプスブルク時代の帝都ウィーンがナチの帝国の一地方都市へと成り下がったことに対し、市民のあいだで不満、反感がくすぶり始めるようになる。しかし、いずれにせよ確認することができるのは、ことナチの反ユダヤ主義に対しては、国民のあいだにほとんど何の戸惑いもなかったらしいということだ。

シュシュニクが首相府を去った三月一二日の夜が明けると、ユダヤ人は老若男女の区別なく家から引きずり出され、一三日の国民投票を前に壁や路上に書かれた「Ja《ヤー》」の文字や撞木十字をブラシで洗い流すよう命じられる。ブラシにつけた濃いアルカリ原液は、手の皮膚を溶かした。この道路磨きの様子はいく枚もの写真に残されているが、先頭に立って作業を指揮しているのは、腕にハーケンクロイツの腕章をつけたナチ党員や、ナチの青少年団であるヒトラー・ユーゲントのメンバーと思しき者たちである。だが、むしろ気味が悪いのは、その後ろで群れをなし、薄笑いを浮かべる見物人たちの方だ。子供の姿も少なくない。見物人は路上に這いつくばるユダヤ人に対し、「ユダヤ人に仕事だ。ついにユダヤ人に仕事だ」「総統に感謝しよう。ユダヤ人に仕事を作ってくださったのだ」と容赦のない野次を浴びせ(4)、蹴飛ばす者もいた。

図6　道路磨きをさせられるユダヤ人

図7　ウィーン，アルベルティーナ広場の「道路磨きをさせられるユダヤ人」像
1988年，アルフレート・フルドリチュカ（Alfred Hrdlicka, 1928–2009）作．（KF at en. wikipedia, CC BY－SA 3.0, via Wikimedia Commons）

合邦直後の興奮のなかで起こった一種の「お祭り騒ぎ」は、四月に入っても継続する。路上や広場での清掃作業では、見物人たちに特別の娯楽も提供された。清掃作業の命令者たちが手をつないで輪を作り、その輪のなかでバケツを持ったユダヤ人が跳んだりはねたり、ほかにもグロテスクな運動をやらされるのだ。そして作業の締めくくりには、バケツの汚い中身がユダヤ人の衣服にぶちまけられた。(5) シオニスト機構執行部あての「オーストリアのユダヤ人の状況」と題された英文のレポートは、四月一八日から二一日までのウィーン滞在中の見聞がもとになっているが、こうした屈辱的な作業がユダヤ人に与えた絶望的な孤立感を生々しく伝えている。

舗道磨きやバラックの清掃その他の強制は、新体制のもとでの他の出来事に比べれば、表面的には些細なことであったにもかかわらず、ユダヤ人に最も深刻な効果をおよぼした。多くのユダヤ人を、とりわけ年老いた人々を立ちすくませたのは、そのような労働に駆り出されることへの恐怖ばかりではなかった。このような人を卑しめる行動によってその最も野蛮な本能をかき立てられた非ユダヤ人の群衆が、ほくそ笑んで勝利感を楽しみ、野次を浴びせ、吠えたてるのを見たとき、恐ろしい衝撃がユダヤ人全体を襲ったのである。目撃者によれば、このことこそ最も屈辱的な体験であり、他の何ものにもまして恐怖感や無力感や絶望感をつのらせる効果をあげた。これは、ユダヤ人から、彼らのうちにいくらかなりとも残っていた安全の感情、自分たちの運命は隣人たちの人間愛のなかにあるという感情を奪ってしまった。ユダヤ人たちに明らかにされたのは、自分たちが住んでいたのは幻想の楽園でしかなかったということのみならず、文字通りの地獄であったということだった。平均的なウィーン人を知る人なら誰でも、彼らがこのようなレベルにまで落ちることができようとは、この時点にいたるまで信じられなかっただろう。(6)

アーリア化

ユダヤ人の官吏やホワイトカラーのサラリーマン、ブルーカラーの労働者は職場から追放され、医師や弁護士は一九三八年末までに開業免許を剝奪される。法的保護の埒外におかれたユダヤ人の住居には、権限のあやしげな者どもが家宅捜査と称して上がり込み、持ち運び可能な金品を手あたり次第に略奪するなど、ほとんどやりたい放題だった。事業の乗っ取りも急速に進んだ。経済の「アーリア化」において、オーストリアで導入された独特の方式が管財人制度である。オーストリアでは一九三八年四月一三日の法により、ユダヤ人所有の事業のアーリア化は行政当局によって選任された管財人が執行することとされた。管財人への選任は、非合法時代にオーストリアで迫害されたナチたちへの一種の「補償」と見なされたが、実際に起こったのは、ユダヤ人の財産や事業の私的な略奪、乗っ取りである。すなわち管財人の選任権限のないナチ党の地区支部が勝手に指名した管財人や、それですらなく、管財人の代理人を詐称する者が店や工場に押しかけ、所有者を追い出し、奪えるだけの財産を奪うか、経営を自分のものにした。

ドイツの社会民主党が発行する一九三八年七月の『ドイツ報告』は、合邦後にウィーンの一般市民も巻き込んで行われたいわゆる「粗野なアーリア化」を次のように伝えている。

「合邦」以後、街頭ではむき出しのテロルが横行している。初日から通りでは「くたばれユダ公！」「出て行けユダ公！」という叫びがこだましていた。そして、まもなくユダヤ人の商店の破壊や「徴発」、つまりは略奪や、ユダヤ人の商人や金利生活者に対する恐喝が始まった。二〇歳から二五歳ぐらいの突撃隊員に率いられた一四歳から一六歳ぐらいの若者が店に現れ、食料品や靴や衣類や布地その他を「徴発」していくのである。略奪品は、しばしばトラックで運び去られた。このような仕方で、たとえば旧市内区のほとんどすべてのユダヤ人の商店が襲われた。〔中略〕

タボール通りの百貨店シフマンの整理には三日を要した。ハーケンクロイツの腕章をつけた労働者たちが在庫品を空にし、褐色のシャツを着た男どもが物見高い群衆を退けていた。〔中略〕こうした状況のもとでは、当然ながら多くのユダヤ人商人たちは、できるだけ早く、大損をして店を投げ売りする道を選んだ。「アーリア化」は急速に進行した。(7)

一九三九年五月のベルリンでは、自立した生計を営む就業者であったユダヤ人のうち、なお三〇％が何らかの就業を継続していたのに対し、合邦から一年余しかたっていない同時期のウィーンでは、わずか六％という有様だった。(8) ユダヤ人の国際的援助団体であるアメリカ・ユダヤ合同分配委員会（以下、ジョイントと略記）のヨーロッパ代表、ベルンハルト・カーン（一八七六―一九五五）は、一九三八年三月、ユダヤ人に対する迫害の苛烈さに驚き、ニューヨーク本部に宛て、「ドイツで、反ユダヤ的弾圧措置で五年かけて実施されたことが、〔オーストリアのユダヤ人には〕五日間で強制された」と打電したが、[9] 実際、ウィーンにおける経営のアーリア化はあっという間に完了した。こうしたアーリア化の結果、ユダヤ人の経営や資産を手に入れた人々は「アリズール」と呼ばれた。もっともドイツに比べて経営の合理化が後れていたオーストリアでは、アーリア化の過程で、統合による経営規模の拡大や不採算経営の清算が推進された。個人経営の商店や町工場の場合、アーリア化されて存続したものより清算されたものの方がはるかに多く、ウィーンではユダヤ人所有の企業や商店の八〇％以上が解体された。[10]

「自称」管財人の横行とともに、ウィーンできわだったのが住居の乗っ取りである。ウィーンでは一九世紀後半から著しい人口増加が続いたが、住宅建設は資本家の投機心にゆだねられ、政府による有効な住宅政策はなおざりにされた。そのため上流階層が優雅な邸宅に住む一方、下流階層の住宅難と居住環境の劣悪さは破局的で、これに、第一次世界大戦中の住宅建設の中断、またハプスブルク君主国崩壊後、君主国各地に赴任していたドイツ人の軍人や官吏のウィーンへの引き揚げが拍車をかけた。住宅難を緩和するため、戦後ウィーンの市政を握った社会民主党は、現在では観光名所の一つになっているカール・マルクス・ホーフなど、大規模な公共住宅の建設に着手する。しかし、労働者用公共住宅の建設が続けられたのは、政策的にも資金的にも一九三四年のドルフスの独裁体制成立までのことであり、ウィーンの住宅難は解決にはほど遠い状況であった。一九三九年九月、ナチ・ドイツの経済四カ年計画の責任者、ヘルマン・ゲーリング（一八九三―一九四六）の意を受けて行われたオーストリアの住宅事情調査は、箇条書きで次のように指摘している。

（1）相変わらず、居住可能で手頃な値段の小規模住宅の危機的な不足が続いている。ウィーンの住宅局には約五万件の未処理の住宅申請がたまっており、そのうち約七〇〇〇件は特に急を要するものである。

〔中略〕

（3）住宅の多くが健康に有害であるか、建築監督署の目から見れば居住不可であり、そこに住む者たちは、早急に改築が行われなければ住むところを失う危険がある。

（4）ウィーンの全住宅の六〇％には、水道もトイレもついていない。一部には、電気もガスもひかれていないところがある。[11]

〔以下、略〕

合邦後も住宅不足対策はとられず、一九三八年一一月のナチ党の機関紙『フェルキッシャー・ベオバハター〔民族的観察者〕』は、「ユダヤ人は安価で良質な住宅から立ち去れ」と題し、住宅不足の自力解決法として模倣されるべきモデルケースを報道した。記事によれば、オタックリングのあるアパートでは、ドイツ民族同胞が妻と二人の子供とともに劣悪な環境の屋根裏部屋に住み、かたや、ユダヤ人のタクシー業者の一家が合計五部屋を持つ二区画に居住していた。このようなことはナチのウィーンでは許されてはならず、当地区のナチが介入して、屋根裏部屋の民族同胞にユダヤ人の二区画のうちの一区画が与えられ、数時間のうちに引っ越しが完了した、というのである。[12]

こうしたウィーンの行政当局が関知しない勝手な住居のアーリア化がどのような規模で執行された

のか、詳細は不明である。しかし、勝手なアーリア化に対して当局が繰り返し警告を発しなければならなかったことは、その頻度を推測する一つの手がかりとなる。一九三八年五月一〇日より、非ユダヤ人の家主から住居を借りていたユダヤ人の借家人は、借家人保護法の対象外とされ、住居のアーリア化は合法的にも推進された。家主から一方的に住居の明け渡しを求められたユダヤ人は、条件の悪い住居へ引っ越すか、引っ越し先が見つからない場合は、親戚でも知り合いでも、転がり込めるところに身を寄せた。ウィーンに存在していた約七万のユダヤ人の住居のうち、合邦から九カ月後の一九三八年一二月時点で残っていたのは約二万であり、しかもその四〇%は、一部屋にキャビネットと呼ばれる小部屋と台所のついた小住居か、それより狭い住居であったという(13)。

二　ウィーン・モデルとは何か

「五年が五日」の勢いで

ここで、もう一度、ジョイントのカーンが、「ドイツで、反ユダヤ的弾圧措置で五年かけて実施されたことが、〔オーストリアのユダヤ人には〕五日間で強制された」と述べたことを思い出したい。

一九三三年一月の政権掌握から三九年九月の第二次世界大戦突入にいたるまで、ドイツにおけるナチの反ユダヤ政策の重点は、社会のあらゆる領域からのユダヤ人排除と彼らの財産の徹底的な収奪、移住という名の追放の促進におかれていた。これについてホロコースト研究者のあいだでは、ほとんど異論は存在しない。一九三三年三月二三日、立法権を政府に与える全権委任法(正式名称「国民およ

表3　ドイツから国外に移住したユダヤ人の推定数(1933–37年)

1933年	37,000人
1934年	23,000人
1935年	21,000人
1936年	25,000人
1937年	23,000人

び国家の危機を除去するための法」)を成立させ、ヒトラー政府の独裁体制が確立されると、ユダヤ人は、矢継ぎ早に制定された反ユダヤ法で職場や学校から追放される。ユダヤ人所有であっても国家経済にとって有益な企業はなおしばらく営業継続が可能であったが、零細な自営業のユダヤ人は、同業組合からの除名や融資の停止、商品のボイコットで経営が破綻し、廃業もしくは店や工場を捨て値でアーリア人に売却するしかなかった。しかし、ドイツでの生活条件を剝奪され、移住を余儀なくされても、移住は、本人が決意さえすれば実現するというものではなかった。実際、移住は、一九三七年までナチが期待したほど進んだわけではない。

ヘルベルト・シュトラウスによる詳細な研究に基づけば、ドイツから国外に移住したユダヤ人の推定数は、一九三三年から三七年まで表3の通りである。(14)

このうち目立って人数の多い一九三三年の三万七〇〇〇人には、少なくとも一万一七〇〇人の外国籍のユダヤ人の出身国等への帰還者が含まれると思われる。「少なくとも」というのは、一万一七〇〇人はユダヤ人の移住を援助する組織の援助を受けて移住した者の数のみを表し、それ以外はカウントされていないからである。(15)外国籍のユダヤ人で多数を占めたのは、ポーランドからの移住者か、あるいは第一次世界大戦中ドイツの支配下に入ったポーランドで労働者として徴用され、ドイツに連れてこられたまま残留した者たちで、ドイツ国籍を取得していない者たちであった。同様に表3の推定数に含まれると思われる帰還者について、そのうち一九三四年から三七年まで援助を受けた者の数をあげれば、一九三四年、五五〇〇〇人、一九三五年、四〇〇〇〇人、一九三六年、三〇〇〇〇人、一九三七年、六三〇人である。[16]

ところがオーストリアでは、ゲマインデが作成したレポートによれば、合邦時のユダヤ人人口（ユダヤ教徒人口）は一八万一七七八人であったのが、第二次世界大戦開戦時の一九三九年九月一五日には六万六二六〇人と、[17]合邦から一年半のあいだにその数は一一万人以上激減する。このうち移住による減少は一〇万九〇六〇人であった。ドイツに比べ、まさしく「五年が五日」の勢いでユダヤ人のエクソダスが進んだことがわかる。そして、まさしくこれを可能にしたのが、ホロコースト研究では「ウィーン・モデル」と呼ばれるユダヤ人の移住促進方式であり、このモデルの成功によってナチの出世街道にのった人物こそ、親衛隊保安部（以下、ＳＤと略記）所属のアードルフ・アイヒマン（一九〇六―一九六二）にほかならない。

図8　アードルフ・アイヒマン，1942年

ウィーン・モデルとは何か。[18]

先取りして言えばウィーン・モデルとは、狭義には、移住にかかる煩雑《はんざつ》な手続きを「ユダヤ人移住本部」でワン・ストップ的に処理できるようにし、これによって移住を促進するシステムをいう。しかし、移住は渡航費など、費用の支払いができてこそ実現する。ウィーンのユダヤ人の窮乏化については第Ⅰ部

第三章で詳述したが、合邦から第二次世界大戦開戦時まで、オーストリアを脱出した一一万人近いユダヤ人の全員が自力で移住できたわけではなかった。金の問題の解決なくして移住の実現はありえない。広義のウィーン・モデルとは、上記のユダヤ人移住本部を車の一輪にたとえれば、移住に必要な資金の調達をユダヤ人自身に行わせるシステムを車のもう一輪とし、この二輪をフル稼働させることによって、短期間で大量のユダヤ人の移住を可能にするシステムをいう。そのさい、こうして二輪で動くウィーン・モデル構築の背景には、それに先立つ「五年」のあいだにナチがドイツで直面した矛盾と不満があったことを知る必要がある。ユダヤ人移住本部設立については後述することとし、まずはドイツにおける矛盾、不満と、ウィーンにおいて時間的にはユダヤ人移住本部設立に先行した金の問題の解決から見ていく。

ドイツの状況

政権掌握後のナチの反ユダヤ政策の重点が、ユダヤ人の排除と財産収奪、移住／追放の促進におかれたことは先に述べたが、この最後の移住／追放もまた財産収奪とセットで執行され、財産の海外移転は可能な限り阻止された。まず彼らの出国にさいして容赦なく取り立てられたのが、「帝国出国税」と「ドイツ金割引銀行税」である。

帝国出国税は、文字通り訳せば「帝国逃亡税」だが、これ自体はナチによる新税ではない。もとは帝国出国税は、世界恐慌により破産状態のドイツで、一九三一年一二月、同年四月一日から三二年末までの移住者を対象とする時限立法として制定されたものだった。目的は、資本流出と税収減を伴う裕福なドイツ人の移住抑制である。一九三一年一月一日現在、課税対象となる財産を二〇万マルク以上持つか、課税対象となる年収が二万マルク以上ある者が移住する場合、課税対象となる全財産の二五％を出国税として納めることが求められた。ところが同法は一九三二年のうちに延長され、さらにナチ政権下の一九三四年五月一八日の改訂により、おもにユダヤ人移住者から最後の税を搾り取るための法に変質する。課税対象は、一九三一年一月一日現在もしくはそれ以後、五万マルク以上の財産を持つか、一九三一年もしくはそれ以後の年収が二万マルク以上の移住者に拡大され、もはや富裕層のみが対象ではなくなった上、ナチ政権成立後の失業や廃業で生じた財産の減少も考慮されず、移住時に持っている全財産の四分の一が徴収された。

ドイツからの出国許可を得るためには、この帝国出国税など、すべての税を納めたことを示す完納証明書の提出が必要であったが、では、完納後に残った財産を外貨に替え、移住先に持ち出せたかといえば、これもそうではない。

外貨が逼迫するドイツでナチは、一九三四年から、移民が公定レートで両替できるマルクの上限を原則的に一人一〇マルク（一九三八年当時のレートで四ドル相当）までとし[19]、それ以上は当局の許可を得た上、ドイツ金割引銀行（Deutsche Golddiskontbank）で、当行が定める割引レートで両替することを求めた。通称「ドイツ金割引銀行税（Dego-Abgabe）[20]」とは、その両替のさいに生じる損失のことである。損失率は一九三四年一月には二〇％であったのが、三六年一〇月には八一％、三八年六月には九〇％、三九年九月には実に九六％にのぼった。これだけ損失率が高いと、両替後に移住者に渡されるのはほとんど涙金であった。

こうして移住と財産収奪をセットで執行するナチの政策は、しかし、二つの矛盾した事態に直面することになる。

第一は、ユダヤ人を移住に追い込むための経済的圧迫と、移住にさいしての財産収奪とが、まさしく彼らの移住を困難にしているという矛盾である。まず、そもそもはじめから移住費用を工面できない貧困ユダヤ人に加え、ナチによる経済的圧迫は、移住の意思はあっても、もはや自力では移住費用を用意できない者たちを増加させつつあった。次に、移住時の財産収奪についていえば、移民受け入れ国はどこでも、ほとんど無一文で、入国するや路頭に迷うような者は原則的に受け入れない。たとえば移民国家アメリカでは、ドイツから逃れるユダヤ人もアメリカでの定住を目的とする移住者として扱われ、一九二四年の移民法の対象となった。さらに世界恐慌後の一九三〇年からハーバート・フーヴァー大統領(一八七四―一九六四、在任一九二九―一九三三)の指示により、移民法の対象となる者の自活能力の有無、あるいは近い親戚による扶養宣誓供述書(Affidavit)の有無が厳格に審査されるようになる。ユダヤ人は事実上、財産の国外移転ができないため、ほとんどのユダヤ人がすがったのが近い親戚による扶養の保証だが、手を尽くしてもそのような親戚がいない者や、親戚がいても扶養能力が不十分と判定される者も多数出た。移民法では、ドイツに対する年間移民受け入れ割り当て数は二万六〇〇〇近くあったが、ヒトラー政権誕生後の充足率を見ると、一九三五年会計年度で二〇・二%、一九三六年会計年度で二四・三%であった。フランクリン・ローズヴェルト大統領(一八八二―一九四五、在任一九三三―一九四五)によって審査が緩和された後、一九三七年会計年度でもようやく四二・一%である。(21)

第二は、ナチ政権下での経済回復と輸入の増加で外貨が底をつき始めたドイツでは、たとえ一〇マルク分であろうと、損失率が九〇％であろうと、いや「上陸金」のようにたとえ移住の必須条件であろうと、移住者に対して外貨をびた一文渡したくはないという矛盾である。移民受け入れ国によっては、無一文の移民の入国を阻止するため、入国のさい、移民が「上陸金」あるいは「見せ金」といわれる現金を所持していることを義務づけた。たとえば一九三八年当時で、一人につき、コロンビアは二五〇ペソ（三〇ポンド＝三七五マルク相当）、オーストラリアやニュージーランドは五〇ポンド（二五〇ドル＝六二五マルク相当）である。[22] ナチは、ユダヤ人に移住を強制しながら、それとは矛盾して、こうした移住に必須の外貨の持ち出しすら認めたくなかったのだ。

ナチの不満

ところが他方で外貨の持ち出し制限に関しては、もう一つ別種の矛盾した事態が発生しており、これがナチ党幹部の不満の種になっていた。ドイツでは一九三三年の政権掌握後も、ナチがユダヤ人の移住にかかわる業務を取り仕切っていたわけではない。ドイツでは、ユダヤ人であれ、非ユダヤ人であれ、移住手続きは内務省の移民局が管轄し、移住者の財産の国外移転や外貨の管轄は、経済省やその外国為替管理部であった。ユダヤ人については、さらに役所とは別に、一九〇一年に設立された非営利組織であるドイツ・ユダヤ人援助協会[23]や、パレスティナ移住についてはシオニストによるパレスティナ移住支援組織であるパレスティナ局が存在して、それぞれユダヤ人の移住相談に応じ、支援を行っていた。つまり移住はＳＤの管轄外だったのである。そのさい移住に関して、ＳＤでユダヤ人問題を担当する者たちが強い不満を抱いたのは、一九三三年八月にドイツの経済省とパレスティナのシオニストとのあいだで成立したハアヴァラ協定と、さらに三六年に導入が決まったアルトロイである。

ハアヴァラは、ヘブライ語で移転を意味するが、その目的の一つは、イギリス委任統治政府が設定した資本家枠でパレスティナへの移住が可能なユダヤ人に対し、財産のパレスティナ移転を認めることで彼らの移住を促進することにある。具体的には移転は、ドイツで彼らのマルクで購入した建設機械その他の製品をパレスティナに運び、ポンドで売却し、その売却金が移住した彼らの手に戻されることで完了した。この仕組みで、彼らからマルクを預かり、ドイツ製品の購入とパレスティナへの運搬、製品の売却と売却金の返還業務を一手に引き受けた機関が、パルトロイ(Palästina Treuhandstelle zur Beratung deutscher Juden GmbH の略称)である。ただしハアヴァラでの移住者は、手数料その他が差し引かれた後、受け取るべきポンドを全額受け取れたわけではない。彼らに返されるはずの金の一部はパルトロイにプールされ、貧困ユダヤ人の移住援助のために使われた。したがってハアヴァラは、裕福なユダヤ人のパレスティナ移住促進であると同時に、貧困ユダヤ人の移住促進でもあったのだが[24]、SDのヘルベルト・ハーゲン(一九一三—一九九九)らが問題視したのは、資本家枠での移住には最低一〇〇〇ポンド(一万二五〇〇マルク相当)のパレスティナへの持参が条件になっていたことである。実際、外貨の持ち出しが厳しく制限されていたにもかかわらず、一九三六年四月まで資本家枠での移住者に対し、両替で帝国銀行から一〇〇〇ポンドの外貨が現金で支払われるという優遇は、むしろ驚くべきことだった[25]。それゆえハーゲンらにいわせれば、ハアヴァラとは、ドイツ製品がパレスティナへ「輸出」されるにもかかわらず、正規の輸出と異なり、ドイツに一銭の外貨ももたらさないばかりか、逆にドイツの外貨を流出させるとんでもない仕組みだったのである。

ところが、さらにハーゲンらの不満を増幅させたのは、ハアヴァラに加え、アルトロイが導入されたことである。ハアヴァラが資本家ユダヤ人のパレスティナ移住促進であるのに対し、アルトロイは、パレスティナ以外に向かうユダヤ人で、帝国出国税支払い後に五万マルク未満の財産が残る者に対してある程度の外貨の持ち出しを認めることにより、彼らの移住を促進しようとするものである。アルトロイとは、一九三七年五月に設立されたプラン実施のための機関(Allgemeine Treuhandstelle für die jüdische Auswanderung GmbH)の略称である。すなわちアルトロイは、ドイツ金割引銀行から公定の二倍のレートで外貨を買い取り、これをアルトロイ方式で移住するユダヤ人に対し、二倍よりさらに劣悪なレートで両替した。移住者は多大な損失を被りながらも、これによって手に入れた外貨は国外に持ち出すことができ、他方、レートの異なる両替で発生したマルクの差額は、そのために設けられた補助基金にプールされ、貧困ユダヤ人の移住援助に使われた。したがってハアヴァラと同様アルトロイも、財産を持つユダヤ人の移住促進が同時に貧困ユダヤ人の移住を助ける仕組みになっているのだが、ハーゲンらによれば、ユダヤ資本の一部がドイツで外貨に替えられ、国外に持ち出されている事態にかわりはなかった。

ハアヴァラにせよ、アルトロイにせよ、ヒトラーの是認を得たものではあるが、一九三七年には、ナチ党内でも政府内でも、これらを問題視する声があがっていた。一九三七年末、SDの第二課でユダヤ人問題を担当するセクション一・一・二の長になったハーゲンは、同年一二月一一日付けの「帝国全域におけるユダヤ人問題処理の再調整のための提言」と題された文書で次のように述べる。

ユダヤ人の移住はあらゆる手段で促進されねばならないが、原則的には、これ以上、そのために〔ドイツの〕外貨が必要とされることがあってはならない。〔中略〕

さて、いま、ドイツ側で行われている移住のための財政的支援がすべて廃止されるなら、残る唯一にして最後の可能性は、ドイツにおける〔ユダヤ人移住の〕援助諸組織に対し、外国の援助諸組織と協力して、移住のために必要な巨額の資金を彼ら自身の手で調達させせしめることである。[26]

すなわちハーゲンらの認識によれば、第一、第二の矛盾で述べたようにユダヤ人の貧困化やドイツの外貨不足が移住を阻害しているのであれば、それを解消するための資金や外貨はユダヤ人自身の手によって調達させるべきであり、ハアヴァラやアルトロイによる移住促進など、もってのほかだというのである。しかし、彼らがみずからの考えに基づきユダヤ人移住政策を執行するためには、まずはSDがユダヤ人の移住にかかわる業務を完全に掌握することに加えて、ユダヤ人の側にも、ナチの方針に従い、資金や外貨を調達しうる強力な組織が存在することが必要だった。そして、それらの必要条件がそろったのがウィーンだったのである。

ウィーンのアイヒマン

ウィーンに話を戻そう。

一九六一年のアイヒマン裁判での本人の証言によれば、合邦後、ベルリンのSDからウィーン出向

月二六日付けで提出されている。(27) ゲマインデは五月二日に、パレスティナ局は翌三日に再開された。ここまでやり遂げたところでアイヒマンは、五月八日付けで、SDの上司で友人でもあったベルリンのハーゲン宛ての私信で、次のように報告した。

いずれにせよ僕は御歴々〔ゲマインデ幹部〕の尻を叩いてやったから、安心してくれたまえ。実際、目下、彼らは必死で仕事をしている。ゲマインデとシオニスト全国連合に対し、三八年四月一日から三九年五月一日までのあいだに二万人の貧困ユダヤ人の移住を実現するよう要求したが、彼らも、そのようにしたいと約束した。〔中略〕〔ウィーンでは〕〔「〔ドイツ・ユダヤ人〕援助協会」と類似の〕ユダヤ人の第四の政治的中央組織を創る必要はないだろう。というのも僕はゲマインデに対して、ゲマインデ内部にパレスティナ以外のすべての移住にも対応する移住本部を創るよう命じたからだ。そのための準備はすでに進行中だ。

大雑把にいえば、いま、状況はこうなっている。

アーリア化、つまり経済その他の領域におけるユダヤ人については、法に従い大管区指導者〔ヨーゼフ・〕ビュルケル〔〔一八九五―一九四四〕〕が管轄する。

それよりはるかに困難な問題、つまり、これらユダヤ人を移住させるのはSDの任務だ。(28)

外貨の調達と運用

ここでアイヒマンが得意げに報告しているのは、ドイツ本国と異なりオーストリアでは、合邦と同時にSDがいち早くユダヤ人の移住業務の掌握に成功したということである。そして、その上で、アイヒマンがレーヴェンヘルツらの「尻を叩き」、真っ先に命じてやらせたのが、外国のユダヤ人団体から移住のための金銭的支援を取りつけることだった。レーヴェンヘルツらにしても、この状況下でユダヤ人の出国を急がない理由はなかった。彼らが最初に窮状を訴えたのは、ゲマインデが再開されてまもなく、五月一九日にウィーンに来たユダヤ人の移住援助組織HICEMの長、ジェイムズ・バーンスタインである。会談には、ゲマインデ福祉部門の責任者であったエーミール・エンゲルとゲスターポのスタッフ二名も同席したが、残された史料を見るかぎり会談の成果は明らかではない[29]。

次いでレーヴェンヘルツは、ゲスターポの許可を得て、六月一日から一六日まで、ローテンベルクとともにロンドンとパリに飛んだ[30]。交渉相手はジョイントと、イギリスのドイツ・ユダヤ人協議会[31]である。そこでレーヴェンヘルツは、両団体の均等負担で、すなわちジョイント五万ドル、ドイツ・ユダヤ人協議会一万ポンド（五万ドル相当）で、毎月一〇万ドルの援助を取りつけることに成功した[32]。ただし援助の条件は、この外貨が一銭たりともナチ・ドイツの懐に入ることなく、直接ゲマインデの外貨建て口座に振り込まれ、ゲマインデによってユダヤ人のためだけに使用されることであった。

ガブリエレ・アンデルルらの研究によれば、残された文書の日付け部分が不鮮明で判読困難だが、ドイツ経済省で移住問題を担当していた帝国銀行理事のフリッツ・ヴォルフ、一九三六年までパレスティナでSDの諜報員を務め、その後、外国為替ならびに移住問題の顧問となったオットー・フォン・ボルシュヴィング(一九〇九―一九八二)らがウィーン入りしたのは、レーヴェンヘルツらの帰国と同日の六月一六日ないしその直前の一四日である。[33] いずれにせよ一〇万ドルの援助金の獲得により、SDと経済省の協議で、ウィーンではハアヴァラはもとより、アルトロイの適用も彼らの検討対象から消えたと見てよい。問題は、この一〇万ドルを最大限に活用するため、いかなる方式が考えられるかだが、ここで外貨の運用の仕方を決定したのはゲマインデではなかった。

六月一七日から七月四日頃まで、アイヒマンとヴォルフ、ボルシュヴィング、ウィーンの外国為替部門の上級監督官であったカールハインツ・ラッフェゲルスト、経済省のスタッフのルードルフ・ジーゲルト(一八九九―一九四五)らのあいだで重ねられた協議で、レーヴェンヘルツとローテンベルクは同席を求められ、要所で説明を求められたのみである。レーヴェンヘルツとローテンベルクが出席した六月一七日の協議に関して、ゲマインデが作成した覚書[34]と六月二四日付けのアイヒマンによる計算式が並んだ覚書[35]を参考に、彼らの議論の様子を再現すれば次のようであった。

四万マルクを超える財産の使用が認められていない一七家族について、一家族につき三万マルクをゲマインデに納めさせるのと引き換えに、家族の移住に必要な外貨をマルクに換算して三万マルクの一〇分の一の三〇〇〇マルク分、すなわち公定レート一ドル=二・五マルクで一二〇〇ドルを与える。一七家族にわたす外貨は、三〇〇〇マルク×一七で総計五万一〇〇〇マルク=二万四〇〇〇ドルだ。外貨一〇万ドルからこれを引くと、残額は七万九六〇〇ドル。たとえばコロンビア移住に必要な上陸金は三四〇マルクで、公定レートで計算すれば一三六ドルだ。つまり七万九六〇〇ドルあれば、外貨を買う金がない貧困ユダヤ人五八五人のコロンビア移住が可能になる計算である。一七家族について、一家族、平均四人だとすると、外貨一〇万ドルで、金のあるユダヤ人と金のないユダヤ人を合わせて約六五〇人のユダヤ人の移住が実現できることになる。一方、ゲマインデが一七家族から得る三万マルク×一七で総額五一万マルクは、ジョイントの希望に従い、ゲマインデがユダヤ人の援助のために使うことが許される。一〇万ドルは、公定レートでは二五万マルクだが、これが倍の五一万マルクになるわけだ……

六月一七日の協議では、四万マルクを限度に財産の使用が認められた「一七家族」という、きわめて具体的な数字をあげて議論が行われており、そのさい念頭におかれた家族が存在したと思われるが、残された史料ではこれ以上のことは不明である。その後、ゲマインデに残された文書史料を日付け順に追うと、おそらく七月四日頃までに外貨の運用方式がほぼ定まったものと思われる。その方式とは、アイヒマンによる錯綜した計算式を整理し、単純化していえば、ゲマインデは、ゲスターポと経済省外国為替管理部の許可を得て、貧困ユダヤ人に対しては無償で上陸金として必要な外貨を支給する一方、たとえば「一七家族」のような財力のあるユダヤ人移住者については、その財力に応じて公定レートの二倍、三倍、あるいはそれ以上のレートで外貨を売り、これによって得たマルクを自力では移住できない貧困ユダヤ人の渡航費援助等に回して彼らの移住を促進するというやり方である。先に引用した五月八日付けのアイヒマンのハーゲン宛ての私信からもわかる通り、ドイツでの経験を踏まえたアイヒマンらにとって、貧困化したユダヤ人が残留し続けるような事態はあってはならなかった。

合邦直後の混乱期には、合邦以前のオーストリアの法規に従い財産を外貨に替えて移住先に持ち出すことに成功した者もいたが、ゲマインデによる外貨運用が始まるより早く、六月一九日には、ユダヤ人移住者に対する外貨の配給はいっさい停止された[36]。アーリア化された店や工場の売却金は、もとの所有者であるユダヤ人の封鎖口座に振り込まれ、許可なく金を引き出すことはできなかったが、彼らが移住する場合は、口座の金から移住に必要な渡航費や上陸金を買うための金を引き出すことが認められた。そのさい、彼らはゲマインデから外貨を買う以外にはなく、その彼らに対し、ゲマインデが公定レートの数倍のレートでドルを売れば、ジョイントとドイツ・ユダヤ人協議会から得た月額、合計一〇万ドル、公定レートで二五万マルク相当の援助金を、例えば五〇万マルクに膨らますことができるという計算である。

持てる者と持たざる者

この、例えば五〇万マルクに膨らまされた外貨は、すべてが移住促進のために使われたのではない。移住援助もさることながら、貧困化したユダヤ人の日々の生活の維持や、これまでゲマインデが経営してきた老人、孤児、盲人等のための施設や病院の継続もまたきわめて重大な問題だったからだ。生活手段の剝奪と裕福なユダヤ人の出国がウィーンのユダヤ人社会に深刻な貧困を引き起こしている実態は、SDも認識するところだった。SDにとってユダヤ人の貧困化は、ユダヤ人の移住能力の低下を意味する。SD第二課第一部門の一九三八年の年次報告は、「ゲマインデの申告によれば、常時援助の受給登録者の数は六万人以上、あるいは構成員の五六・六%にのぼる」と記す[37]。しかし、SDは、自身の都合に照らして事態を憂慮しても、それでユダヤ人の財産剝奪の手を緩めるわけではなく、ユダヤ人の救貧はユダヤ人の自助によるしかない。当面そのためにゲマインデが使うことができる金として、ナチに解体されたユダヤ人諸団体が持っていた基金の一部や、なお経済的に余裕のあるユダヤ人からよせられた寄付金があったが、両者ともこの先の収入は見込めず、ゲマインデの持ち金が早晩底をつくことは明らかだ。結局、資金は、運用次第でマルクを生み出す外貨に頼るしかなかった。

さらに一九三八年一一月九日の深夜からドイツで、オーストリアでは一一月一〇日の早朝から開始された「帝国水晶の夜」と呼ばれることになるポグロム(38)で、ウィーンでは、類焼の危険が高く放火を免れた第一区のザイテンシュテッテンガッセのシナゴーグを除き、四二のシナゴーグと小礼拝所が焼き討ちないしは破壊された(39)。ユダヤ人の商店や住居も破壊、放火され、ウィーンのSDに所属するヨーゼフ・トリットナー(一九〇七―?)の一一月一八日付けの報告によれば、約四〇三八のユダヤ人の商店が封鎖、第一区だけで一九五〇のユダヤ人の住居が明け渡された(40)。混乱に乗じた住居の乗っ取りは第一区以外でもあちこちで発生し、そのさい住人は、しばしば二、三時間以内に出ていくように求められたという(41)。また一一月一七／一八日付けのウィーンのゲスターポの報告書によれば、一一月一六日一八時

図11　ウィーン第2区のシナゴーグ「レオポルトシュタット・テンペル」
1858年に完成した．ルードルフ・フォン・アルト(Rudolf von Alt, 1812-1905)画，1860年．

現在で、ウィーンでは六五四七人のユダヤ人が逮捕され、そのうち三七〇〇人がダッハウの強制収容所に送られている[42]。

ユダヤ人が被った人的、物的被害は甚大であったが、破壊の償いをさせられたのはユダヤ人の方だった。すなわちポグロムで発生した損害をユダヤ人自身に償わせるために導入されたのが、一九三八年一一月一二日の法に基づくユダヤ人財産税である。これより先、一九三八年四月二六日の法でユダヤ人は所有する全財産の申告を命じられていたが、ユダヤ人財産税では、その申告財産の二〇％を税として納めることが求められた。破壊と新たな負担でユダヤ人の生活はさらに困難となり、ゲマインデの救貧費用はますます増大した。そのため一九三八年末には、ついにゲマインデは一〇万ドルから九〇万マルクを稼ぎ出さなければならなかった[43]。

図12　1938年11月のポグロムで破壊されたレオポルトシュタット・テンペル
1941年に撮影された.（DÖW = Dokumentationsarchiv des österreichischen Widerstandes, Foto 8360）

しかし、ゲマインデが外貨の運用でマルクを稼ごうと思えば、法外なレートで外貨を購入する金持ちユダヤ人に対して移住情報の提供を優先し、無償で外貨を渡さなければならない貧困ユダヤ人の移住は後回しにせざるをえない。たとえばイギリスによる委任統治下にあったパレスティナへの移住者数は、パレスティナの経済的状況に応じて半年ごとにその上限が設定されていたが、一〇〇〇ポンド以上の財産を持参する資本家の移住には人数制限がなかった。ゲマインデの手持ちの外貨が限られるなかで、この資本家枠で移住する者に渡さなければならない一〇〇〇ポンドは大きな負担であったが、他方で、これら資本家がゲマインデにもたらすマルクの額は、それを埋め合わせて十分に膨大だった。一九三八年五月二日から同年一二月三一日までのゲマインデの活動・状況報告書によれば、一九三八年一二月までにゲマインデが外国の援助組織から得た外貨は、ドル換算で六四万八二九二ドルであったが、この期間に資本家枠でパレスティナに渡った者は一七八人、彼らのために使われた外貨は、ドル換算で約二六万五〇〇〇ドル、総額の四一%であった。同時期、移住のためにゲマインデから外貨を得た者の総数は二八六四人であり、一七八人は、その六%にすぎない(44)。しかし、一九三九年一月一四日付けのゲマインデからジョイント宛ての報告書によれば、ゲマインデがこの資本家枠での移住者から得たマルクは約三五〇万マルクにのぼり、レートは平均で一ドル＝一三・二マルクということになる(45)。

こうしたゲマインデのやり方に対しては、金持ちユダヤ人と貧困ユダヤ人の双方が、あからさまに口には出さないとしても、不満を抱いた。金持ちユダヤ人には、個人の財産がゲマインデによって不当に収奪されたという思いがあり、他方、貧困ユダヤ人の眼には、ゲマインデは金持ちの移住ばかり優先するように見えた。第Ⅲ部で取り上げる戦後のナチ協力者に対する裁判では、次章で述べるユダヤ人の東方への移送で、職務上、ナチの協力者にさせられたユダヤ人もまた被告となった。その一人で、ゲマインデの元職員として被告席に立ったレオポルト・バラバンの証言は、当時のユダヤ人社会の底にくすぶった不満を知ってはじめて理解可能である。

ゲマインデ執行部は、つねに、まだウィーンに残っているユダヤ人全体の利益のみを頭においたのであり、その時点での手持ちの可能性のなかから全体の利益を守ることができるような方策を見つけ出すことを強いられたのだ。金持ちで、高額の船賃を払うことができ、そうやって移住準備の整ったユダヤ人が出国し、それで命が助かったのに対して、手元に処分できるような財産は何もなく、外国の援助団体から送られるドルを使うしかないような貧しいユダヤ人は後回しにされたということ、なるほど、これは遺憾なことに思われるかもしれない。しかしながら、少数の支払い能力のある人々の出発によって、大きな病院や、満杯の老人ホームに盲人ホーム、孤児院や小児科病院、また給食の提供といった事業の継続が可能になったということ、そして、それによって、ドイツ当局が老人ホームや盲人ホームの収容者を早期にポーランドに移送してしまうのを阻止したということ、というのも、ゲマインデが彼らの扶養を財政的に支えられないということが移送の理由になりえたからだが、今日、振り返って、こういう事実を認めてくれる人であれば、みな、事態を理解してくれるはずだ。(46)

最終的には、ゲマインデが得たマルクで扶養した老人も障碍者も子供も、ほとんどすべて東方へと移送され、多くが命を失ったが、いま、ここで、それを言ってしまえば先を急ぎすぎることになろう。以上が、ウィーン・モデルにおける移住資金の調達方式だが、それは突然ウィーンで発案された独創的システムではなく、すでにSDの脳裏には、先例としてドイツ金割引銀行税やアルトロイがあったことがわかる。ウィーン・モデルは、いわばゲマインデにドイツ金割引銀行の役目と、銀行と移住者を仲介するアルトロイの役目を一手に負わすものであった。この役目をはたすため、ゲマインデ内に移住相談ならびに外貨への両替を行う部門が開設されたが、これによってウィーンでは、見方によっては「ユダヤ人が同胞ユダヤ人から金を巻き上げるシステム」が稼働を開始することになる。しかし、当時のゲマインデに、ほかに何ができただろうか。一九三八年八月七日にゲマインデで開催された会議の議事録によれば、合邦後、その時点までに約二万三〇〇〇人が移住し、そのうち四〇〇〇人以上はゲマインデの支援による移住者であった。[47]

三　ユダヤ人移住本部

移住資金の調達は二輪で走るウィーン・モデルの一輪だ。では、もう一輪、ユダヤ人移住本部は、どのように設置されたのだろうか。

移住手続きの迅速化

合邦直後の迫害の苛烈さに恐怖を感じ、早々に国外移住を決意したユダヤ人は少なくない。ダッハウの強制収容所への移送も恐怖に拍車をかけた。三月の合邦後、ただちに逮捕され、ダッハウへと移送されたのは、シュシュニク政権や祖国戦線の要人、社会主義者や共産主義者、ナチに敵対的であった学者や芸術家など、世間で名を知られた人々であった。[48]ゲマインデからは、会長、副会長その他が連行されたが、そのうち副会長のエーリヒは、ダッハウで虐待のため、五月一七日に死亡している。一九三八年四月一日の最初の移送でダッハウに送られた一五一人のうち、ユダヤ人は六〇人を占め、五月二三日の二回目の移送では、一二〇人のうち五〇人がユダヤ人であった(49)。

ウィーンからの移送は六月末まで続いたが(50)、ユダヤ人の場合、対象は「世間で名を知られた人」に限られなかった。一九三八年五月二四日付けでゲスターポから地区警察署宛てに送られた緊急回状は、ユダヤ人に関して、「好ましからざるユダヤ人」「特に前科のあるユダヤ人」を遅滞なく逮捕し、ダッハウに移送するよう指示している(51)。ただし五〇歳以上の者については、きわめて重い前科がある者を別として移送から除外し、また身体的に逮捕に耐えられないような者も除外するとされた。しかし、実際には、逮捕者には前科もなく、なぜ「好ましからざる」なのかまったく理由がわからない者も多数であった。彼らの共通点は、五〇歳以下で、身体的、体力的に問題のない男性であるということだ(52)。ダッハウに送られた者のなかには、移送途中や到着後に自殺したり、虐待死した者もいたが、この時点での移送の特徴は、ただちに国外移住することを条件として、数カ月後に、あるいは一年近くたって解放された者が少なくなかったことである。すなわちダッハウへの移送は、ユダヤ人に対する移住強制の手段の一つでもあった。

夫や息子をダッハウに移送された家族は、彼らの移住先を求め、各国大使館や領事館を走り回った。しかし、一九三八年七月六日から一五日まで、フランスのエヴィアンで開催された各国会議の結果が示すように、この時期、ユダヤ人難民を積極的に受け入れようとする国はなかった。例えばイギリスは、一九二七年の相互協定で、短期訪問を目的とするドイツ国民に対してヴィザを免除しており、この措置は一九三三年のナチによる政権掌握後、ドイツからイギリスにユダヤ人難民が到着するようになって以後も変更されなかった。ドイツと同様にオーストリアもヴィザ免除国であったが、一九三八年三月の合邦後のユダヤ人のエクソダスはイギリスを慌てさせる。イギリスは、オーストリアの旅券保持者に対しては五月二日より、ドイツの旅券保持者に対しては五月二一日からヴィザの再導入を決定した[53]。イギリスの措置は例外ではない。各国の大使館や領事館前には、ヴィザを求めて殺到するユダヤ人の長蛇の列ができた。

しかし、他方で移住には、そのために有効な旅券を得ることも必須だった。ところが、これもまた容易ではなかった。

合邦時のオーストリアでユダヤ人が移住しようとする場合、まずは税金関係の役所を回り、所得税や営業税、家屋税、帝国出国税（オーストリアへの導入は一九三八年四月一四日だが、日付けを遡り、同年一月一日以降に移住するすべての者に適用）等、すべての税金を納めたことを示す完納証明書を発行してもらう必要があった。これを携えて旅券局に赴き、出国許可証の発行を申請する。許可証を得た後、旅券の発行は移住者の居住地区の警察署で行われたが、この旅券は、さらに移民局で認証を得てはじめて移住者が出国するのに有効な旅券になった。しかし、通例、これだけではすまない。そのほかにも、犯罪経歴証明書（無犯罪証明書）等、移住先が要求するさまざまな証明書を用意する必要があった。これら証明書には、馬鹿にならない印紙代や発行手数料がかかる上、証明書は、申し込めば窓口で即座に発行されるわけではない。完納証明書や犯罪経歴証明書の有効期限は四週間であったが、片方の証明書の発行を待つあいだに片方の有効期限が切れ、またはじめから役所の窓口の長蛇の列に並び直すというイタチごっこもまれではなかった。そのため金のあるユダヤ人は、アーリア人の弁護士を雇って裏から手を回し、証明書を手に入れた。まさに地獄の沙汰も金次第で、旅券一通につき一〇〇〇マルクが相場といわれた。正規の窓口に並ぶしかないユダヤ人に対して役所の対応はますます後回しになり、しかも路上では、行列するユダヤ人を狙い、ナチによる暴行や嫌がらせが横行した[54]。

図13　1938年3月，ウィーン第5区，ヴェーアガッセの地区警察署の前にならぶユダヤ人
(Österreichische Nationalbibliothek Wien, H 5175/4)

行列と屈辱感で疲れ果て、移住意欲を喪失する者さえ出たが、こうした手続き上の停滞は、移住者本人はもとより、ナチの望むところでもない。先に述べたように、合邦時のオーストリアのユダヤ人人口(ユダヤ教徒人口)は約一八万人で、その九〇%以上がウィーンに集中していたが、合邦後まもなく地方の小規模ゲマインデは解体され、オーストリアのユダヤ教徒のほとんどすべてがウィーンに集中した。これに推定三万人前後のニュルンベルク人種法に基づく非ユダヤ教徒のユダヤ人[55]が加わる。これだけの人数の移住を促進したければ、移住手続きの迅速化は急務であった。そこで問題を解決するため、プリンツ・オイゲン通り二二番地で、接収されたロートシルトの屋敷内に開設されたのがユダヤ人移住本部であった。

図14　1884年に完成したウィーン，プリンツ・オイゲン通りのロートシルト邸

この移住本部の開設こそ、ウィーンにおけるアイヒマンの最大の手柄と認められたが、開設にいたるまでの詳細や、本部がいつから正式の業務を開始したのか、史料的に不明なところも多い。いずれにせよ、外貨運用の先例にドイツ金割引銀行税やアルトロイがあったように、移住本部のアイデアもアイヒマンの独創ではなかった。一九三七年にいたってナチがユダヤ人の移住に本腰を入れ始めるのと並行して、すでにSD内部では、ユダヤ人の移住手続きをシステム化するさまざまな案が浮上していた。ウィーンでは、一刻も早くユダヤ人を追放したいナチと、一刻も早くユダヤ人を出国させたいゲマインデの意思が一致するなか、アイヒマンがレーヴェンヘルツとローテンベルクに移住本部のプラン作成を指示したものと推測されている。プラン完成までアイヒマンがどの程度関与したのか不明だが、プランは、オーストリアのSDの長であったヴァルター・シュタールエッカー（一九〇〇―一九四二）、オーストリア大管区の長であったヨーゼフ・ビュルケル、さらに最終的にはベルリンのSD本部のラインハルト・ハイドリヒ（一九〇四―一九四二）の同意を得た後、八月二〇日付けでビュルケルより、オーストリアの党および国家の諸機関に対して移住本部開設の決定が告げられた[56]。九月一四日付けでアイヒマンがハーゲンに宛てた報告によれば、移住本部開設は八月

二二日となっている[57]。移住本部長は、形式的にはシュタールエッカーだが、実質的に指揮したのはアイヒマンである。彼の執務室も、同じロートシルトの旧屋敷内にあった。

移住本部には、税金関係、警察関係、外務省関係その他、ユダヤ人の移住に関係するすべての役所から役人が派遣され、手続きの順序に従い窓口を開いた。以前は犯罪経歴証明書の入手だけで六―八週間を要し、すべての書類を整えるのに二―三カ月かかったが、移住本部設置後は、移住先が決定したユダヤ人は、移住本部に出頭しておよそ八日後に旅券を入手することが可能になる。犯罪経歴証明書も、いったん移住本部の手続きのベルトコンベアに乗ってしまえば、約二日で発行された。これによって大打撃を被ったのは、ユダヤ人移住者の弱みにつけ込み、ぼろ儲けをしていたアーリア人の弁護士たちである。このことでアイヒマンは彼らの恨みをかったという[58]。

旅券賦課金

しかし、アイヒマンらの認識において、移住本部はたんに移住手続きの迅速化を実現するためだけのシステムであってはならなかった。先の外貨運用システムと同じく、同時に貧困ユダヤ人の移住促進に奉仕するものでなければならなかった。これについてアイヒマンは、わかりにくい言い方だが、上述の九月一四日付けのハーゲン宛ての報告で次のように述べている。「ユダヤ人移住本部がめざすのは、まず第一に、貧困ユダヤ人の移住強化への配慮と、したがって資力あるユダヤ人に対しては、彼らの出国が同時に、彼らの財産に見合うだけの貧困ユダヤ人の出国と連動する場合にのみ移住が許されるべきことである[59]」。

この「連動」を実現するのが「旅券賦課金 Passumlage」であり、資力あるユダヤ人が移住本部のベルトコンベアの最後で旅券を手にするとき、文字通り彼らから最後の金を巻き上げるがごとくに徴収された。すなわち旅券賦課金とは、移住にあたってあらゆる税金を納め、移住手続きに必要なあらゆる手数料を支払い、移住地までの旅費その他にかかる費用のすべてを除いた後、なお手元に残る財産に対し、その額の大小に応じて賦課され、徴収される金をいう。支払い能力のないユダヤ人は免除された。旅券賦課金の額の査定は、移住本部開設とほぼ同時の八月二五日にゲマインデ内に設置された旅券賦課金査定部で行われた。ゲマインデの報告によれば、一九三九年三月一五日までに四万四八九八世帯に対して査定が実施され、その半数以上にあたる二万四四九五世帯は免除であった。支払い能力のある世帯に対して旅券賦課金は、おおむね五マルクから段階的に一〇、二〇、五〇マルクの範囲で徴収されたが、封鎖口座になお多額の財産を残す者はこれより高額になった。一九三八年には、二万七九二二世帯から総額で五八万八三九三マルクが、三九年には、五万三七九〇世帯から三一七万二六一七・六六マルクが徴収されている。(60)

帝国出国税や、一九三八年一一月ポグロム後に導入されたユダヤ人財産税が経済省によって徴収されたのに対し、旅券賦課金は移住本部が徴収し、同本部が管理する移住基金に入れられ、貧困ユダヤ人の移住支援に使用された。ここでも、ユダヤ人をユダヤ人の金で移住させるシステムが見事に働いていることがわかるが、これもまた外貨運用の場合と同様、移住基金の金の一部は、無料食堂にかかる経費など、ゲマインデの救貧資金にも回されている。

独ソ戦開戦後の状況については次章で詳述するが、移住基金に関連することのみ先に述べれば、一九四一年一〇月二三日、ユダヤ人の移住は全面的に禁止される。その後、ウィーンの移住基金は一九四二年八月一五日をもって清算された。旅券賦課金については、史料として徴収台帳が残されているのに対し、支出の詳細を示す史料は完全には残されていない。いずれにせよ清算時点で移住基金の口座に残っていた金は、プラハに移され、最後までウィーンに残ったユダヤ人の多くが移送されたテレージエンシュタット（チェコ語称、テレジーン）強制収容所の維持費に使用されたことがわかっている。

無力な機関か

最後にウィーン・モデルについてまとめておこう。

ウィーン・モデルとは、移住にかかる煩雑な手続きをユダヤ人移住本部でワン・ストップ的に処理するシステムと、移住にかかる外貨の調達と運用をユダヤ人自身が行うシステムとの二輪によって稼働するシステムであった。そのさい「モデル」といっても、ドイツやプラハで模倣が可能であったのは、前者の狭義のウィーン・モデルであるユダヤ人移住本部方式のみである。ここでは、後者については、ほとんどウィーンのゲマインデでのみ可能なシステムであったことを確認しておきたい。というのも、たとえばドイツでは、肝心の外貨運用に関して、ほかならぬナチ自身が作り出した大きな障害があったからである。すなわち、海外のユダヤ人援助団体は、外貨がゲマインデの外貨建て口座に直接振り込まれ、それがゲマインデのみによって運用されることを援助の条件としていたが、ドイツでは一九三八年三月二八日の法により、ゲマインデは公法上の自治的団体としての資格を剝奪され[61]、これによって外貨を運用する資格も喪失した。合邦後、ドイツ本国の反ユダヤ法は速やかにオーストリアにも導入されたが、ことに三月二八日の法に対して、アイヒマンがその導入に強硬に反対したのは当然であった。三月二八日の法の目的の一つは、ゲマインデから土地や建物に対する税の免除を受ける権利等を剝奪し、ゲマインデを私的団体(Verein)として課税対象とすることにあったが、アイヒマンによれば、これによってウィーン・モデルの片輪が機能せず、ゲマインデの移住促進能力や救貧能力の低下を招くのであれば、法は割に合わないというのである。(62) 彼の主張には説得力があり、事実、ウィーンのゲマインデは、ユダヤ人の移住、移送が終了する一九四二年まで公法上の自治的団体の資格を維持する。すなわちウィーン・モデルは、強力なゲマインデが維持されたウィーンでこそ十全に稼働しうるモデルであった。

ナチ支配下のウィーンでゲマインデがはたした役割を論じた研究は多くはない。そのなかでドロン・ラビノヴィチの『無力な機関』(二〇〇〇年)(63)は、一九三八年から四五年までウィーンのホロコーストの全期間をカバーし、正面からゲマインデの苦悩に取り組んだ貴重な一冊である。「無力な機関」とは、ゲマインデは否応なくナチの意に従う以外の選択肢を持たない機関であったということだ。しかし、上述したように、一面ではウィーンのゲマインデは、きわめて強力な移住促進機関であった。一九三九年一月一四日付けのゲマインデからジョイント宛ての報告によれば、一九三八年一二月の移住者約九〇〇〇人のうち、ゲマインデから支援を受けた者は四〇〇〇人以上と、半数近くにのぼった。(64)

一九三八年三月の合邦から四一年一〇月にユダヤ人の移住が全面的に禁止されるまで、外国のユダヤ人援助団体や、それ以外にも親戚等から送られた外貨は、合わせてドル換算で四二〇万ドルである。ユダヤ人によるユダヤ人からの強奪といわれようと、この外貨を売ってゲマインデは二一二〇万マルクを稼ぎ出した[65]。ウィーンに着任早々のアイヒマンがレーヴェンヘルツに突きつけた要求は、一年間で二万人の貧困ユダヤ人の移住を実現することだったが、先述したように、合邦から第二次世界大戦の開戦時までの一年半のあいだに、オーストリアのユダヤ人人口は一一万人以上激減する。そのうち移住による減少は、一〇万九〇六〇人である。ゲマインデの援助を得て移住した者の数は、一九三八年三月から三九年一二月までで五万一五〇一人にのぼる[66]。

またゲマインデがはたした役割については、金銭面での援助のみならず、移住先を求めて、ゲマインデがほとんど絶望的な努力をしたことも指摘しておかなければならない。オーストリア合邦後のユダヤ人のエクソダスは世界に衝撃を与え、一九三八年七月六日から一五日まで、フランスのエヴィアンにアメリカ、イギリスをはじめとして三二カ国の代表その他が集まり、ユダヤ人難民問題に関する話し合いが行われた。エヴィアン会議には、ユダヤ人の移住を援助している諸組織も代表を送り、ウィーンからレーヴェンヘルツも参加している。しかし、ユダヤ人難民を積極的に受け入れようとする国はなく、ユダヤ人の失望は大きかった。ユダヤ人の移住先の確保が困難をきわめるなか、ウィーンでは、ユダヤ教徒のユダヤ人に関しては、パレスティナへの移住希望者に対する支援は従来通りパレスティナ局とシオニスト全国連合が担当し、パレスティナ以外については、ゲマインデの移住担当部門が移住先の紹介、現地情報の提供など、具体的相談に応じた[67]。ゲマインデが作成した報告書によれば、一九三八年三月から三九年一二月まで、ゲマインデの援助を受けて移住した五万一五〇一人の移住先は、イギリスの一万四四九二人、イタリアの一八〇〇人をはじめとして、ヨーロッパ内に二万三八四三人、アメリカ合衆国に一万九八〇人、パレスティナに四八二〇人、中国（とくに上海）に五四八八人、ボリヴィアの一四二八人、パラグアイの一〇五二人をはじめとして中南米に五一四二人、その他、オーストラリアとニュージーランドに合わせて六一六人、アフリカに二二二人その他である[68]。ただし、ヨーロッパ内で移動した者たちのうち、その後、ヨーロッパの外に移住していなければ、イギリスや、スイスのような中立国にいた者を別として、第二次世界大戦中、ナチの支配下でホロコーストの犠牲になった者は少なくなかった[69]。

（1）Walter Kleindel, *Österreich. Daten zur Geschichte und Kultur*, Wien 1995, S. 343.

（2）Evan Burr Bukey, *Hitler's Austria. Popular Sentiment in the Nazi Era 1938–1945*, Chapel Hill/London 2000, p. 73.

（3）Dieter Stiefel, *Entnazifizierung in Österreich*, Wien/München/Zürich 1981, S. 93.

（4）G. E. R. Gedye, *Fallen Bastions. The Central European Tragedy*, London 1939, p. 308.

（5）Dokumentationsarchiv des österreichischen Widerstandes（Hg.）, „*Anschluß*“ *1938. Eine Dokumentation*, Wien 1988, S. 421f., Dokument 3.

（6）Central Zionist Archives, Jerusalem, S5/653.

（7）Hans Witek, „Arisierungen“ in Wien, in : Emmerich Tálos u. a.（Hg.）, *NS-Herrschaft in Österreich. Ein Handbuch*, Wien 2000, S. 795.

（8）Helmut Genschel, *Die Verdrängung der Juden aus der Wirtschaft im Dritten Reich*, Göttingen/Berlin/Frankfurt/Zürich 1966, S. 210.

（9）*Die Verfolgung und Ermordung der europäischen Juden durch das nationalsozialistische Deutschland 1933–*

1945, Bd. 2, bearbeitet von Susanne Heim, München 2009（以下 VEJ, Bd. 2 と略記）, S. 35f. アメリカ・ユダヤ合同分配委員会（ジョイント）は、一九一四年の第一次世界大戦開戦後まもなく、苦境下にあるユダヤ人に対し、ユダヤ人の諸団体から寄せられた寄付金の円滑な分配を目的として設立された。

（10）Witek, a. a. O., S. 811.

（11）Gerhard Botz, *Wohnungspolitik und Judendeportation in Wien 1938 bis 1945: zur Funktion des Antisemitismus als Ersatz nationalsozialistischer Sozialpolitik*, Wien/Salzburg 1975, S. 19f.

（12）Ebd., S. 58f.

（13）Ebd., S. 60.

（14）Herbert A. Strauss, Jewish Emigration from Germany (I), in: *Leo Baeck Institute Yearbook*, XXV, 1980, p. 326.

（15）ibid., p. 329. S. Adler-Rudel, *Jüdische Selbsthilfe unter dem Naziregime 1933–1939. Im Spiegel der Berichte der Reichsvertretung der Juden in Deutschland*, Tübingen 1974, S. 216.

（16）Adler-Rudel, a. a. O., S. 216.

（17）Israelitische Kultusgemeinde Wien, Archiv（以下 IKG, Archiv と略記）, Archiv der Israelitischen Kultusgemeinde Wien（以下 A/W と略記）, 126, Report of the Vienna Jewish Community, May 2nd 1938–December 31st 1939, p. 15. 一九三八年の合邦時および三九年の第二次世界大戦開戦時のユダヤ教徒人口については、史料によって多少のばらつきがある。Jonny Moser, *Demographie der jüdischen Bevölkerung Österreichs 1938–1945*, Wien 1999, S. 16 u. S. 18. なお、ドイツでウィーンに匹敵するユダヤ教徒人口をもつのはベルリンのみであり、一九三三年当時で約一六万人である（Usiel O. Schmerz, Die demographische Entwicklung der Juden in Deutschland von der Mitte des 19. Jahrhunderts bis 1933, in: *Zeitschrift für Bevölkerungswissenschaft*, Jg. 8, Nr. 1, 1982, S. 37f.）。

（18）ウィーン・モデルに関してほとんど最初の本格的な研究として、Gabriele Anderl u. Dirk Rupnow, *Die Zentralstelle für jüdische Auswanderung als Beraubungsinstitution*, Wien/München 2004. がある。タイトルの通り

本書の重点は、ユダヤ人移住本部によるユダヤ人財産収奪のメカニズムと収奪規模の解明におかれている。

(19) ただしユダヤ人の回想録を読むと、公定レートで一〇マルク以上の両替と持ち出しに成功した例もあった。また一〇マルクとは別に移民は、移民船乗船のさい、乗船日数に応じて船会社より、船内だけで通用する一定額の船内通貨(Bordgeld)をマルクで購入することができた。船内通貨は、免税店での買い物や船内での飲食に使われたが、使い残した場合、ただの紙切れになる場合と、到着地で現地通貨に両替してもらえる場合があった。

(20) Dego はドイツ金割引銀行の略称。当行は一九二四年に発券銀行であるドイツ帝国銀行の子銀行として、マルクではなく、国際的信用のある通貨スターリング・ポンド一〇〇〇万をもって設立された。原材料の輸入を助けて輸出産業の振興をはかる公的信用銀行や、手形割引銀行の機能を担う銀行で、移住者のための両替はナチ時代に発生した新業務である。

(21) Strauss, Jewish Emigration from Germany (II), in: *Leo Baeck Institute Yearbook*, XXVI, 1981, p. 359.

(22) IKG, Archiv, A/W, 2600.

(23) 設立時の名称は Hilfsverein der deutschen Juden であったが、ニュルンベルク人種法(注(55)参照)以後、Hilfsverein der Juden in Deutschland に改称された。

(24) ハアヴァラの移住促進効果については Werner Feilchenfeld, Dolf Michaelis u. Ludwig Pinner, *Haavara-Transfer nach Palästina und Einwanderung deutscher Juden 1933-1939*, Tübingen 1972, S. 39 u. S. 94. を参照。

(25) 一九三六年四月以後、帝国銀行はハアヴァラの移住者に対してポンドの支払いを停止し、一〇〇〇ポンドはハアヴァラの枠内で、すなわち移転された製品のパレスティナでの売却金から調達されることを求めた。

(26) Anderl u. Rupnow, a. a. O., S. 55f.

(27) IKG, Archiv, Bericht betreffend die Israelitische Kultusgemeinde Wien vom 26. 4. 1938.

(28) VEJ, Bd. 2, Dokument 34, S. 153.〔ドイツ・ユダヤ人〕援助協会については、前掲注(23)参照。

(29) Yad Vashem Archiv, Jerusalem, O 2/595, Kultusgemeinde Wien 19. 5. 1938–31. 10. 1942, S. 1. 本史料は、終

戦直後にヴィルヘルム・ビーネンフェルト(Wilhelm Bienenfeld)により、一九三八年五月一九日から四二年一〇月三一日までのレーヴェンヘルツの覚書をまとめて作成されたものである。そのため Löwenherz-Bericht(レーヴェンヘルツ報告)あるいは Bienenfeld-Bericht(ビーネンフェルト報告)とも呼ばれる。以下では Löwenherz-Bericht と略記する。HICEMは、一九二七年に、いずれもユダヤ人の移住援助組織であった Hebrew Immigrant Aid Society と Jewish Colonization Association と United Jewish Emigration Committee の三者が合同して成立した組織である。

(30) IKG, Archiv, A/W 110, S. 4.

(31)「ドイツ・ユダヤ人協議会」(Council for German Jewry)は、イギリスに来たユダヤ人難民のための援助組織「ドイツ・ユダヤ人のためのイギリス中央基金」(Central British Fund for German Jewry)がアメリカのジョイントと協力し、一九三六年に設立した組織で、ドイツからのユダヤ人の出国を援助した。

(32) Charles J. Kapralik, Erinnerungen eines Beamten der Wiener Israelitischen Kultusgemeinde 1938/39, in: *Bulletin des Leo Baeck Instituts*, Nr. 58, 1981, S. 60. この回想記の執筆者、チャールズ(カール)・カプラリクは、まさしくゲマインデで外貨運用を指揮した人物である。*„Anschluß" 1938*, S. 579f., Dokument 34.

(33) Anderl u. Rupnow, a. a. O., S. 98 u. S. 103, Anm. 252. Theodor Venus u. Alexandra-Eileen Wenck, *Die Entziehung jüdischen Vermögens im Rahmen der Aktion Gildemeester*, Wien/München 2004, S. 68.

(34) IKG, Archiv, A/W 2540.2.

(35) Anderl u. Rupnow, a. a. O., S. 100f.

(36) IKG, Archiv, A/ W 2540, 2. Anderl u. Rupnow, a. a. O., S. 96f. Venus u. Wenck, a. a. O., S. 65f.

(37) Otto Dov Kulka u. Eberhard Jäckel (Hg.), *Die Juden in den geheimen NS-Stimmungsberichten 1933–1945*, Düsseldorf 2004, Dokument 414, S. 367. また一九三九年六月二四日付けのアイヒマンの報告(VEJ, Bd. 2, Dokument 301, S. 783.)を参照。ドイツでは、同時期になってもなおユダヤ人は、生活保護費の給付など、公的社会福祉から完全に締め出されたわけではなかったのに対し、ウィーンでは、役所の担当部署の勝手な判断で福祉が停止され、公立あるいは非ユダヤ人が経営する福祉施設や病院に入っていたユダヤ人も追い出された。この点でも、ドイツに比べてウィーンの状況ははるかに暴力的であった。

(38) 一九三八年一〇月二八日、ドイツに在住するポーランド国籍のユダヤ人一万五〇〇〇人が退去を命じられ、ドイツとポーランドの国境まで強制移送された。ポーランドは、同年三月末の新国籍法で、五年以上パスポート更新のために本国に帰国していないポーランド国籍所持者(特にユダヤ人)に対し、一〇月三〇日をもって国籍を抹消するとしており、ドイツからの追放は、その直前のタイミングで行われたものである。ポーランドの国境警察は、これら被追放者の受け入れを拒否したため、行き場を失った人々が寒さと飢えにさらされたまま国境地帯に放置されるという事態が発生した。パリに住む当時一七歳のユダヤ人、ヘルシェル・グリュンシュパンの両親もそのなかにいた。グリュンシュパンは、一一月七日にパリのドイツ大使館員、エルンスト・フォン・ラートを射殺し、ラートは一一月九日の夜、死亡する。これを受けてナチの宣伝相ヨーゼフ・ゲッベルス(一八九七—一九四五)は激しい挑発演説を行い、反ユダヤ・デモを組織するように示唆し、これに呼応して一一月九日の深夜からドイツ全土で暴力行動が開始された。なお、ドイツは、一九三六年九月に始まる「四カ年計画」でドイツ経済の合理化をめざしていたが、このポグロムは、アーリア化による存続の対象とならないユダヤ人の不採算経営の破壊を一気に完了するものでもあった。詳しくは、山本達夫『ナチスとユダヤ企業——経済の脱ユダヤ化と水晶の夜』(勉誠出版、二〇二二年)を参照。

(39) *Der Novemberpogrom 1938*. 116. Sonderausstellung des Historischen Museums der Stadt Wien, Wien 1988, S. 61.

(40) Dokumentationsarchiv des österreichischen Widerstandes (Hg.), *Widerstand und Verfolgung in Wien 1934–1945. Eine Dokumentation*, Bd. 3, 2. Aufl., Wien 1984, S. 281f., Dokument 153.

(41) VEJ, Bd. 2, Dokument 135, S. 394.

(42) *Widerstand und Verfolgung in Wien 1934–1945*, Bd. 3, S. 283f., Dokument 154.

(43) IKG, Archiv, A/W 2647.

(44) IKG, Archiv, A/W 110, S. 22–24.

(45) IKG, Archiv, A/W 2647.

(46) Wiener Stadt- und Landesarchiv, 2.3.14. A1-Vg. Vr.-Strafakten/1945–1955, 2943/1945（Leopold Balaban）, S. 6.

(47) IKG, Archiv, A/W 2819, 10.

(48) 同じナチの敵対者であっても、例えばシュシュニクのような国際的に名を知られた旧右派政権の要人の扱いは別格であった。シュシュニクは、一時期ダッハウに収容された後、一九四一年からベルリン北部のザクセンハウゼン強制収容所に送られ、そこで与えられた独立した住居で軟禁生活をおくった。最終的に解放を得たのは、一九四五年五月四日になってからである。

(49) Herbert Rosenkranz, *Verfolgung und Selbstbehauptung. Die Juden in Österreich 1938–1945*, Wien/München 1978, S. 37.

(50) 移送は、ザルツブルク、フォアアールベルク、チロル等からも行われた。

(51) *Widerstand und Verfolgung in Wien 1934–1945*, Bd. 3, S. 263, Dokument 122.

(52) 五月三〇日に逮捕されたフリッツ・チュチカ（一八九三—一九六七）もその一人である。チュチカの移送については、Ilana Fritz Offenberger, *The Jews of Nazi Vienna, 1938–1945. Rescue and Destruction*, Cham, Switzerland 2017, p. 104f. に詳しい。同書は、アメリカで収集されたウィーン出身のホロコースト生存者からの聞き取り記録を丹念に読み解きつつ、一九三八年から四五年まで、ユダヤ人が置かれた状況を個人レベルで再現しており、これまで類書のない試みとして評価される。

(53) ユダヤ人難民に対するイギリスの対応については、野村真理「研究ノート　イギリスにおけるユダヤ人難民の受け入れ——一九三三～一九三九年」（『ユダヤ・イスラエル研究』第三七号、二〇二三年末刊行予定）を参照。

(54) VEJ, Bd. 2, Dokument 92, S. 283.

(55) ナチは一九三五年のいわゆるニュルンベルク人種法（「ドイツ国公民法」と「ドイツ人の血と名誉を守る

ための法」の二法）の施行令でユダヤ人の定義を行い、当人の四人の祖父母のうち三人以上がユダヤ教徒であった場合は、当人がユダヤ教徒であるか否かにかかわりなく「完全ユダヤ人」とした。

（56）*„Anschluß" 1938*, S. 581f., Dokument 36.

（57）VEJ, Bd. 2, Dokument 92, S. 282.

（58）Kapralik, a. a. O., S. 66.

（59）VEJ, Bd. 2, Dokument 92, S. 283.

（60）Anderl u. Rupnow, a. a. O., S. 252. なお、ドイツで一九三九年二月に導入された移住者税（Auswanderer-abgabe）のモデルは、ウィーンの旅券賦課金である。

（61）VEJ, Bd. 2 Dokument 23.

（62）VEJ, Bd. 2, Dokument 264.

（63）Doron Rabinovici, *Instanzen der Ohnmacht. Wien 1938–1945. Der Weg zum Judenrat*, Frankfurt a. M. 2000.

（64）[illegible]KG, Archiv, A/W 2647.

（65）Ander[illegible] Rupnow, a. a. O., S. 177.

（66）IKG, Archiv, [illegible]W 126, Report of the Vienna Jewish Community, p. 73.

（67）非ユダヤ教徒のユ[illegible]ヤ人の移住に関しては、一九三八年の合邦後まもなく、三月末あるいは四月はじめからギルデメースター移[illegible]援助オフィスが活動を開始した。詳しくは、前掲注（33）Venus u. Wenck, *Die Entziehung jüdischen Vermögens im Rahmen der Aktion Gildemeester*. を参照。ギルデメースター（Francis（Frank）van Gheel Gildeme[illegible]ter）は、[illegible]フィス立ち上げ時にウィーンに滞在していたオランダ人慈善活動家の名だが、名を貸した以外[illegible]ィスには[illegible]質的に関与していない。合邦からほぼ一年後、シオニスト全国連合は一九三九年三月に、パレスチ[illegible]局は同[illegible]七月に閉鎖され、それらの業務はゲマインデに統合された。ギルデメースター移住援助オフィスも[illegible]年三月[illegible]実質的に活動を停止したが、正式の解体は一二月三一日である（IKG, Archiv, A/W 2507）。この頃まで[illegible]移住可能な者たちの出国は、ほぼ終了したと推測されている。

(68) IKG, Archiv, A/W 126, Report of the Vienna Jewish Community, p. 73.

(69) 比較のため、ここでドイツの状況について述べておこう。オーストリアでは、第Ⅰ部第三章で述べたように、ユダヤ教徒は、法により、その居住地の信徒ゲマインデに所属することが義務づけられたが、ドイツでは一八七六年にこのゲマインデ強制が撤廃され、ユダヤ教徒は、ユダヤ教を棄教することなくゲマインデを脱退することが可能であった。また、ドイツと合邦後のオーストリアの大きな違いは、オーストリアではウィーンのゲマインデが実質的にはほぼ同時にオーストリアの全ユダヤ教徒の単一のゲマインデであったのに対し、ドイツのユダヤ教徒人口は、ベルリンのほか、フランクフルト、ハンブルク等に分散していたことである。そのさい、前掲注(17)でも述べたように、ドイツでウィーンに匹敵するユダヤ教徒人口をもつのはベルリンのみであり、一九三三年当時で約一六万人であった。一九三三年のナチ政権成立後、九月七日にドイツの全ユダヤ人の利益を代表する組織として設立された「ドイツ・ユダヤ人帝国代表部」(一九三五年のニュルンベルク人種法以後、「ドイツ在住ユダヤ人帝国代表部」と改称)は、既存のユダヤ人諸団体のたんなる集合にすぎない。そこには移住を支援する部局として「移住部」があったが、ウィーンと異なり、帝国代表部が一元的に移住の指揮をとる体制ではなかった。

　そのドイツで、ウィーンでの成功をにらみつつ、ナチがユダヤ人の帝国レベルでの組織化に関心を持ち始めるのは一九三八年一一月ポグロム後である(VEJ, Bd. 2, Dokument 223. を参照)。最低でも九一人が殺害されたポグロムに恐怖したユダヤ人が大挙して移住へと動き始めたからである。また、ポグロム時に三万とも三万五〇〇〇人とも推定されるユダヤ人男性が、ザクセンハウゼン、ブーヘンヴァルト、ダッハウの各強制収容所に連行されたが、彼らの解放の条件は、唯一、二週間以内に国外に去ることであった(ただし、実際には、三週間以内とされたものから六カ月以内とされたものまで、さまざまなケースがあった)。こうした状況下でドイツでも、ユダヤ人の移住にかかる手続きを効率よく迅速に処理するシステムの導入は急務であり、ようやく一九三九年一月末、ベルリンにウィーンをモデルとするユダヤ人移住本部が開設される運びとなる(一九三九年一月二四日付けのヘルマン・ゲーリングの指示による。VEJ, Bd. 2, Dokument 243.)。さらに同年七月四日には、ドイツ在住ユダヤ人帝国代表部をあらため、「ドイツ在住ユダヤ人帝国連合」が法的認可を得て正式に発足した(ただし、実質的発足は三月はじめであった)。ニュルンベルク人種法に基づくドイツのすべてのユダヤ人はこの連合に登録することが義務づけられ、連合の執行部は、親衛隊保安警察およびＳＤによって任命された。同年一月末のユダヤ人移住本部の開設とあわせ、これによってウィーンと同じくドイツでもＳＤがユダヤ人の移住業務を完全に掌握する体制が整うことになる。先取りして言えば、一九四一年一〇月をもってナチの移住=追放政策が終了したとき、ウィーンにおいても、ドイツにおいても、移住業務を介して国内に残るユダヤ人の全個人情報を掌握していたナチの「移住本部」が東方への「移送本部」に変身するのは、必然の流れであった。ナチ支配下のドイツのゲマインデ再編については、Beate Meyer, *Tödliche Gratwanderung. Die Reichsvereinigung der Juden in Deutschland zwischen Hoffnung, Zwang, Selbstbehauptung und Verstrickung (1939–1945)*, Göttingen 2011. を参照。

第二章 移住から移送へ

一 第二次世界大戦開戦から独ソ戦まで

「問題はその後に始まるのです」

政治哲学者ハンナ・アーレント(一九〇六―一九七五)の『エルサレムのアイヒマン』(初版一九六三年)は、ユダヤ人のあいだで激しい反発を引き起こした。理由の一つは、「悪の凡庸さ」というアーレント独特の言い回しが、ユダヤ人に限らずさまざまに誤解されたことにあった(1)。しかし、もしかするとそれ以上にユダヤ人を怒らせた理由は、彼女がナチ迫害の加害者のみならず、犠牲者ユダヤ人の側に生じた「道徳的崩壊(2)」をも容赦しなかったことにあるのではないだろうか。彼女の「ものの言い方」には、まだ癒えぬホロコーストの傷に塩を擦り込むようなところがあり、アーレントとユダヤ神秘主義研究の権威、ゲルショム・ショーレム(一八九七―一九八二)との長く続いた友情も、これで終わった。

アーレントによれば、絶滅収容所への移送のさい、ユダヤ人指導者のうちのある者たちは唯々諾々としてナチが命じる人数分の移送者リストを作成し、同胞たるユダヤ人を捕らえて列車に乗せるのを手伝うユダヤ人警察まで提供した。そして、総じてナチは、これらユダヤ人社会の指導者からユダヤ民族の滅亡に関して期待以上の協力を得たとし、当時の彼らに抵抗の可能性がなかったことは認めながらも、命令に対して「何もしない」という可能性は残されており、そうすればホロコーストの犠牲者はかくも膨大なものにはならなかったという(3)。

アーレントに対してショーレムは、一九六三年六月二三日付けの書簡で、事態はそれほど単純ではありえないと反論した。

　ユダヤ評議会で、ある者たちは屑でしたし、ある者たちは聖人でした。私は、これら二つのタイプについてかなり読んできましたが、非常に多くの者たちは、私たちすべてと同様、その中間です。この者たちが、空前絶後の再現不可能な諸条件下で決断しなければならなかったのです。彼らが正しかったのか、誤っていたのか、私にはわかりません。私は判断を下せる立場にはありません。その場にいなかったのですから(4)。

ユダヤ評議会、あるいは場所によってはユダヤ人長老評議会とは、第二次世界大戦開戦後、ドイツ占領下の東欧やソ連の各地に設置されたゲットーで、ナチの指示により設立されたユダヤ人の自治組織をいう。ユダヤ評議会は、ゲットーの限界状況のもとでのユダヤ人の生活と秩序を維持するために不可欠の組織であったが、それはまた、ナチの命令を「自治的に」執行させられる機関でもあった。七月二〇日付けのショーレム宛ての返信でアーレントは、このユダヤ評議会の役割に関していう。

「一九三九年、あるいはそうしたければ一九四一年までは、なおすべては理解できますし、申し訳もたちます。問題はその後に始まるのです」[5]。すなわちアーレントは、一九四一年六月に始まる独ソ戦の以前と以後で、ユダヤ評議会の役割が根本的に変化したとの認識を示すのだ。

では、ウィーンではどうだったのか。ウィーンでは既存のゲマインデが再編され、その執行部がユダヤ評議会の役割を担ったが、まずは一九三九年九月の第二次世界大戦開戦時に遡って見ていこう。

ニスコ

ユダヤ人の国外脱出を促進するため、ゲマインデがはたした役割については前章で述べた。これもまた、ゲマインデによるナチのユダヤ人財産収奪と移住／追放政策促進への一種の「協力《コラボ》」といえなくもないが、はたして国外脱出に対して、ゲマインデに「何もしない」という選択肢がありえただろうか。開戦前に海を越え、ヨーロッパ大陸の外に出た者たちは、ほとんど全財産を失っても命だけは救われた。しかし、戦争が始まると、移住をめぐる状況は厳しさを増す。開戦までは、あらゆる国際航路の乗船切符をマルクで購入することができたが、開戦後は、利用できるのはほとんどアメリカ船とイタリア船に限られ、切符の入手が困難になった上、外貨での支払いを要求された。前章で述べたように、移住者は、海外の親戚が切符を送ってくれるのでもないかぎり、切符購入に必要な外貨をゲマインデから買うしかない。しかし、貧困化の進行で、両替で彼らが支払うことのできるマルクの額は減少し、あるいはそもそも買う能力がなく、ゲマインデが無償で外貨を渡さなければならない者も多数であった[6]。ウィーン・モデルにおいて、海外の援助組織から送られた外貨がマルクを生み出すことなく出てゆけば、ゲマインデの救貧活動は財源を失う。他方、開戦によって拓かれたのが、ドイツの東方占領地という、ナチにとっては、いわば外貨不要で移住を促進できる「新移住先」であった。実はアーレントのいう一九四一年を待たず、これによって移住＝追放政策におけるゲマインデの「協力」は、根本的に性格を変えていくことになる。

一九三九年九月二八日、ドイツとソ連はポーランド分割を完了した。分割線は八月末の独ソ不可侵条約秘密議定書での合意より東に大きく移動し、この時点でドイツはポーランドの占領地に二〇〇万を超えるユダヤ人を抱え込むことになる。しかし、占領地のユダヤ人の扱いに関して、あらかじめナチに詳細な計画があったわけではない。九月二一日に保安警察・親衛隊保安部長ハイドリヒが招集した会議の議事録[7]や、分割線確定後の九月二九日付けのアルフレート・ローゼンベルク（一八九三―一九四六）の日記[8]等を見れば、大まかな指針として以下のことが考えられていた。

①第一次世界大戦までドイツ領であった地域を含むポーランド西部の占領地はドイツ本国に併合し、ポーランド人、ユダヤ人を東方へと追放して併合地のゲルマン化をはかること。

②ユダヤ人については、ヴィスワ川、サン川とポーランドにおける独ソの分割線をなすブク川に挟まれた地域に「ユダヤ人居留地」を設定し、彼らをそこに移動、集中させること。

③①と②に先立ち、占領地のユダヤ人の管理と移動を容易にするため、彼らを限られた数の都市へと集中させること。

実際この指針に従い、一〇月末、ドイツ併合地に、ダンツィヒ・西プロイセン帝国大管区、ヴァルテラント帝国大管区（略称ヴァルテガウ。ただし一九四〇年一月二九日までの名称はポーゼン帝国大管区）が設置され、シロンスクはオーバーシュレージエン帝国大管区に統合される。これらドイツ併合地より東部のポーランド占領地は、ドイツ帝国の主権領域だがドイツ帝国には属さない総督府とされた（次頁、地図2参照）。

ウィーンのユダヤ人の最初の東部移送は、①と②の指針に関連して執行される。動いたのはアイヒマンだが、彼の行動のどこまでが上部の指示で、どこから先がアイヒマンの暴走か、謎も多い。

アイヒマンは、一九三九年三月のベーメン・メーレン保護領設立後、上司のシュタールエッカーとともにプラハへ転任し、プラハでウィーン・モデルによるユダヤ人の移住促進に従事していた。彼が上述のハイドリヒの九月二一日の会議の末席に呼ばれたのは、ウィーンでの実績を評価されてのことだろう。その後、一〇月六日、アイヒマンは、同じく九月の会議の出席者で、国家保安本部第四局ゲスターポの長ハインリヒ・ミュラー（一九〇〇―一九四五）から、シロンスクのカトヴィツェ地区のユダヤ人七万から八万人、ならびにベーメン・メーレン保護領のモラヴスカ・オストラヴァ地域のユダヤ人のヴィスワ川東方への移送を口頭指示される。指示を書き取ったアイヒマンの覚書[9]によれば、この移送は、上記指針の②を念頭におき、今後のユダヤ人の大規模移送に備えて経験を積むためのものと位置づけられていた。

なるほど九月二一日の会議の議事録等を見れば、指針②の対象者は大ドイツ帝国領域（ドイツ本国、オーストリア、ベーメン・メーレン保護領）のユダヤ人を含むが、ミュラーの指示はカトヴィツェとオストラヴァのユダヤ人に限定される。これにウィーンが組み込まれたのは、国外移住が滞りをみせるなか、ユダヤ人の一掃を急ぎたいアイヒマンの独断であった可能性が高い。一〇月一〇日、ウィーンの

地図 2　ポーランドの分割と総督府の成立(1939 年末)
出典：芝健介『ホロコースト』(中公新書，2008 年)71 頁をもとに作成

レーヴェンヘルツはアイヒマンの代理人ロルフ・ギュンター（一九一三－一九四五？）より、ポーランド移住の第一陣として、職人、指物師、大工、技術者など、労働可能な男性を中心に一〇〇〇人から一二〇〇人を集めるよう命じられる(10)。露骨にも対象は貧困ユダヤ人とされ、アイヒマンらにとってこの移住が、自力では国外移住できないユダヤ人の排除策であったことがわかる(11)。とはいえこの時点では、ヴィスワ川東方といっても具体的にはどこなのか、彼らの行き先さえ決まっていなかった。文書にヴィスワ川支流のサン川沿いの町ニスコが登場するのは、一〇月一二日にシュタールエッカーとアイヒマンがポーランド占領地の視察に赴いた後、一五日になってからである(12)。レーヴェンヘルツは移住希望者を募ったが、指示された一回の出発につき一〇〇〇人という人数は集まらなかった。そのため不足分はナチの移住本部が手持ちのユダヤ人台帳からリストを作成したが、それでも適格者は一〇〇〇人に達さず、結局、一〇月二〇日に九一二人が出発、二六日の第二陣ではさらに少なく六七二人が出発した(13)。

職人たちは仕事に必要な道具を持参するよう命じられていたが、いったい、どこで何をするのか。ユダヤ人のあいだでは、ゲマインデがわけもわからぬところへ同胞を送り出すことに対して非難の声があがっていた。それを知ってか、一〇月二〇日の夜、第一陣が出発するウィーンのアスパング駅でギュンターは、レーヴェンヘルツに「出発する者たちはあなたに感謝するだろう。彼らは秩序ある労働環境で、十分によい食事を与えられるのだから(14)」と言ったという。しかし、東方占領地の「新移住先」で、このナチの嘘のすべてを見ることになった人物こそ、当時、ゲマインデの移住部でユダヤ人の国外移住促進のための仕事をしていたベンヤミン・ムルメルシュタイン（一九〇五－一九八九）であっ

図15　ウィーン，アスパング駅
1939年10月から42年10月までに，ここから約4万7000人のユダヤ人が東方へと移送された．

た。

アイヒマンは、事前にウィーンおよびプラハの両ゲマインデからムルメルシュタインら幹部数名をオストラヴァに呼び出し、ウィーンより早く一〇月一八日に出発したオストラヴァのユダヤ人九〇一人に同行させた。翌日ニスコに到着した彼らに対し、同じく現地入りしていたアイヒマンが命じたのは、オストラヴァから持参した建築資材を用い、ニスコ近郊のサン川対岸の村ザジェチェ近くの荒れ地に、まずは自分たちの住居となるバラックを建設することだった。ムルメルシュタインの回想録によれば、命令の最後にアイヒマンは一同に嘲弄の眼差しをむけ、小声で「さもなくば死ぬということだ」と言ったという(15)。ただし、ここで九〇一人全員が現場に残されたのではない。九月のハイドリヒの会議では、ユダヤ人を最終的には独ソ分割線の彼方に追放することがヒトラーの意思として確認されていた。いわばこれを先取りしたアイヒマンは、今後の追放執行のためのトランジットキャンプになるべきニスコで、バラック建設に必要な最低限の人数を残し、それ以外は、勝手にせよとばかりに現場から追い払ったのだ。独ソ分割線の彼方にたどりつくも、つかないも、彼らの運に任された。回想者によって多少表現が異なるが、彼らは彼らを引率した親衛隊員に銃で脅され、「さあ行け！　三時間たっても周辺五キロ以内にいる者は直ちに撃ち殺す。さあ、おまえたちの友のところ〔ソ連〕へ行け！」と怒鳴られ、追い散らされた[16]。

オストラヴァからの第一陣に同行したムルメルシュタインら幹部に求められたのは、バラックの建設現場でユダヤ人の自治組織を整えることだったが、彼らがこの成り行きに驚いたことはいうまでもない。彼らはアイヒマンの了解を得て、一〇月二三日、最寄りの最大都市ルブリンに向かう。目的は、ルブリンのユダヤ人とコンタクトをとり、ニスコの現場から追われたユダヤ人の保護を求めることだったが、彼らを愕然とさせたのは、ルブリンのユダヤ人指導者はもとより、現地のドイツ人の行政責任者や軍関係者が、ニスコに関して何も聞かされてはいないという事実だった[17]。

他方でこのとき、一〇月六日のユダヤ人のヴィスワ川東方への移住に関するミュラーの指示はとっくに宙に浮き、ナチ上層部の喫緊の関心は、独ソ分割線の確定後、ソ

図16　ベンヤミン・ムルメルシュタイン（右）とそのカリカチュア，1944年（左）
チェコのユダヤ人で，医師，作家，画家のカレル・フライシュマン（Karel Fleischmann, 1897-1944）により，テレージエンシュタットで密かに描かれた（本書160頁以下を参照）．同じくチェコのユダヤ人で，ドイツ語の文筆家であったハンス・ギュンター・アドラー（Hans Günther Adler, 1910-1988）は，ムルメルシュタインの外見を評して，ヴェルディの喜劇オペラの太った騎士，ファルスタッフのようだったと述べている．（H. G. Adler, *Theresienstadt. Das Antlitz einer Zwangsgemeinschaft*, 3. Aufl., Göttingen 2018, S. 117.）

連の勢力圏内に取り込まれるドイツ系住民(ナチ用語でいう「民族ドイツ人」)のドイツ支配地域への「回収」に移っていた。すでに一〇月二〇日には、国家保安本部よりオストラヴァの関係者に対してユダヤ人の移送中止の最終決定が告げられ、二二日、急遽《きゅうきょ》ベルリンに向かったアイヒマンもこの中止を確認した。しかし、すでに準備済みであった移送は、アイヒマンら関係者の面子《メンツ》をかけて執行される。結局、一〇月末までに、ウィーン、オストラヴァ、カトヴィツェから四七六〇人がニスコに送られ、そのうち四〇〇〇人以上がソ連に向けて追放された。生還者による戦後の回想記によれば、ウィーンから到着した合計一五八四人のうち、現場に残されたのは一九八人であった(18)。

以上が、ウィーンのユダヤ人のホロコーストを研究する者以外にはほとんど知られていないニスコへの移送の顚末である。

総督府への「移住」

ムルメルシュタインら、ウィーンのゲマインデからニスコに送られた幹部は、一九三九年一一月六日にウィーンに戻された。ニスコへの移送は、事後的に見れば後述の東方への移送の始まりに位置づけられる。しかし、この時点での彼らには、ナチがいう東方の「ユダヤ人居留地」なるものの現実を思い知らされた以外、ナチの計画全体がどうなっているのかわかるはずもなかった。彼らが聞かされたのは、ポーランドへの移住は翌一九四〇年二月一日まで中断されるということだけであり、それまでに国外移住しない者は、以後、東部へ送られるという脅しがすべてだった。レーヴェンヘルツは、二万から二万五〇〇〇人のユダヤ人は高齢や健康上の理由で国外移住に耐えられず、まして東部への移動など論外であり、このままウィーンでの残留は避けがたいと抗弁したが、これに対してアイヒマンは、その数字は多すぎるとし、とにかく一九四〇年のうちにウィーンの「ユダヤ人浄化」が達成されるよう要求する。[19] しかし、すでに国外移住できる可能性はゼロに近づこうとしており、期限とされた一九四〇年末が近づいても、ウィーンにはなおユダヤ教徒ならびに非ユダヤ教徒のユダヤ人を合わせて六万人以上が残っていた。[20] ここにいたって、このウィーンに残るユダヤ人の追放／移住地として、総督府がニスコとは別の形で再浮上する。動いたのは、一九四〇年八月より総督兼ウィーン帝国大管区指導者に就任したバルドゥール・フォン・シーラハ（一九〇七―一九七四）である。

ソ連の勢力圏内に取り込まれた民族ドイツ人の回収は、上述の指針の①に関連し、彼らの回収地とされたのが①のドイツ併合地だった。回収ドイツ人に場所をあけるため、併合地のポーランド人やユダヤ人の追放は一九三九年一二月から開始され、四一年三月末にソ連への侵攻が本格的準備段階に入るまで、数回にわたって続行された。このユダヤ人の追放は民族ドイツ人の回収とセットであり、ウィーンのユダヤ人は本来、無関係である。それでなくとも大量のユダヤ人の管理に手を焼く総督府の長、ハンス・フランク（一九〇〇―一九四六）は、ユダヤ人の総督府への送り込みに繰り返し強く抗議しており、フランクにとって、差し迫った必要のないウィーンのユダヤ人の受け入れなど論外だった。ところがシーラハは、一九四〇年一二月はじめ、ヴァルテガウ等からのユダヤ人追放にウィーンのユダヤ人六万人の追放を組み込むことに関し、直接ヒトラーから同意を取りつけることに成功する。[21] もっともな理由と認められたのは、ウィーンの住宅難だった。しかし、実際には、ウィーンのユダヤ人はすでにもとの住居を追われ、もともとウィーンでユダヤ人の比率が高かった第二区、第九区、第二〇区に集中して、トイレも水道設備もない一家族用住居を数家族が分かち合う状況だった。彼らが疫病の発生源になりかねないそのような住居を明け渡しても、ウィーンの住宅難解消にはほとんど意味がない。シーラハの目的は、ユダヤ人そのものの排除である。

年が明けた一九四一年二月一日、レーヴェンヘルツは、移住本部の長アロイス・ブルンナー(一九一二―二〇〇一)同席のもと、ゲスターポのカール・エブナー(一九〇一―一九八三)より、二月一五日から一回につき約一〇〇〇人規模でユダヤ人の総督府への「移住」が開始されること、二回目の出発は二月一九日に予定され、以後、毎水曜日が出発日となること、五月までに一万人の移住が予定されていることが告げられる。移住者のリストは家族単位でナチの移住本部が作成し、出発の三―四日前にゲマインデに渡された[22]。ゲマインデに課せられた任務は、移住者リストに名のあがったユダヤ人に対してその旨を通知し、移住者用集合キャンプへの出頭を命じることである。このときムルメルシュタインらの脳裏には、ニスコに送られた者たちの運命がよぎったはずだが、しかし、だからといって彼らには、ナチの命令に従わないという選択肢は考えられなかった。ゲマインデは該当者に対し、自主的に出頭しない者にはナチによって強制措置が発動されるため、命令に従うように繰り返し要請する。集合キャンプに使われたのは、ウィーン第二区のカステレッツ通り三五番地のもとギムナジウムの建物であり、キャンプの維持管理とキャンプ収容者への給食の提供等もゲマインデの責任とされた。

ヴァルテガウ等からのユダヤ人の追放と同様、二月一五日に始まるウィーンからの出発は三月一二日を最後に中断されるが、それまで五回の出発で約五〇〇〇人が、オポーレ、キェルツェ、モドリボジツェ、ワグフ、オパトゥフへと移動し[23](地図2参照)、それぞれの町のゲットーで、藁布団があるだけのシナゴーグの建物か、一部は現地のユダヤ人家族の住まいに収容された。それは、いかなる意味でも新しい移住生活の始まりではありえなかった。そもそもそこには、新生活を成り立たせるための仕事というものがなかったからだ。[24] しかも移住者には、かなりの数の老人や盲目者、聾唖者、身体障碍者等が含まれ、[25] 彼らを待っていたのは、窮乏、飢え、病気のはての死だった。一九四一年二月一八日付けでオポーレから発せられた手紙はいう。「みなウィーンで、壁の前に立たされ、射殺された方がましでした。その方が美しい死であったことでしょう。〔当地では〕ずっと惨めな死しかありません」[26]。

二　ユダヤ人社会の消滅

東方へ

一九四一年六月二二日の独ソ戦開戦後、ドイツの新占領地では、特別行動隊と、場所によっては現地の協力者によってユダヤ人の大量射殺が執行され、小さな村では、ほとんど一日か二日のうちにユダヤ人が絶滅した。これをもってナチのユダヤ人絶滅政策の始動と見なす見解もあるが、「最終解決」への道のりは単線的ではない。九月八日、ドイツ北部方面軍がラドガ湖に達してレニングラード（現サンクト・ペテルブルク）を包囲し、二六日、南部方面軍がキエフを陥落させると、独ソ戦の進展に自信を得たヒトラーは、国民に公言しながらはたされずにいた大ドイツ帝国領域の「ユダヤ人浄化」実現のため、当地のユダヤ人の総督府への移送を了承する。ドイツ軍が快進撃を続けるあいだにナチが描いた計画は、いわば前節で述べた一九三九年九月の会議の指針②の改訂版であり、大ドイツ帝国領域のユダヤ人を年内のうちにヴァルテガウの都市ウッチのゲットーに集め、年明け後、春を待ってさらに東方のソ連に追放するというものだった。

ウィーンについていえば、レーヴェンヘルツは一九四一年九月三〇日、移住本部のアロイス・ブルンナーより五〇〇〇人のユダヤ人がウッチに移送されると告げられ[27]、二週間後の一〇月一五日に第一陣の約一〇〇〇人が出発した。一〇月一六日にドイツ本国からも約一〇〇〇人が出発し、一一月四日までにウィーンから約五〇〇〇人、ドイツ本国から約二万人のユダヤ人に加え、約五〇〇〇人のロマもウッチに送り込まれた[28]。ユダヤ人の国外移住は一〇月二三日をもって禁止された[29]。

ホロコースト研究では、この大ドイツ帝国領域のユダヤ人の移送が、ヘウムノ絶滅収容所の稼働と連動し、さらにラトヴィアのリーガやベラルーシのミンスクで現地のユダヤ人の大量殺害を引き起こしたことはよく知られる。というのも、ウッチに彼らの受け入れ場所があったわけではないからである。当初、六万人をウッチに送るという計画を知らされたヴァルテガウのナチ指導者ならびにウッチ・ゲットーの管理者は、これに激しく抵抗した。この時期、もはやウィーンにもドイツ本国にも、肉体労働に耐える若いユダヤ人がそれほど残っていたわけではない。ウッチにとって移送は、ほとんど役に立たないユダヤ人の大量到来を意味した。結局、六万人ではなく、上記のようにウィーンとドイツ本国から合わせて二万五〇〇〇人のユダヤ人の受け入れで妥協がはかられたが、それも、ウッチで労働不能と見なされたユダヤ人の「処分」、すなわち殺害とセットで、であった。ウッチの北西七〇キロに位置するヘウムノ絶滅収容所が稼働を開始するのは一九四一年一二月はじめであり、ウッチに移送されたユダヤ人の約半数は一九四二年秋までにヘウムノで殺害された。

ウッチへの移送規模が六万人から二万五〇〇〇人へと縮小された後、ウッチに替わる候補地とされたのが、独ソ戦での新占領地、リーガとミンスクのゲットーである。だがこれも、リーガやミンスク現地のゲットー管理者には寝耳に水の決定であった。そのためリーガでは、到着するユダヤ人に場所をあけるため、一九四一年一一月三〇日と一二月八日の二日間に、リーガ郊外のルンブラの森でゲットーにいたユダヤ人約二万七八〇〇人が殺害される。ミンスクでは一一月七日から一一日と一一月二〇日に、合わせて推定一万人以上が殺害された。

ウィーンからは、ルンブラの森での虐殺より前、一一月二三日に第一陣の一〇〇〇人がリーガに向かうが、一一月二九日、彼らが到着したのはリーガではなく、リトアニアのカウナス郊外の第九要塞である。そこで全員が射殺された。その後一二月三日、翌一九四二年一月一一日、二六日、二月六日にウィーンからリーガに到着した合計約四〇〇〇人は当地のゲットーに入ったが、最初に到着した者たちに命じられたのは、体力的にルンブラの森への移動に耐えられず、ゲットー内で射殺されたリーガのユダヤ人の死体の処理である。ミンスクには、一一月二八日に一〇〇〇人が出発した。[30]

一九四一年秋に開始された移送は、第九要塞でのウィーンのユダヤ人の殺害や、ドイツからリーガに到着したユダヤ人の一部が到着直後にルンブラの森で射殺されたのを例外として、彼らの絶滅を目的とするものではなかった。しかし、早めの冬が到来し、一九四一年が一二月に入る頃、ドイツの電撃的勝利の見込みは消え、さらに一二月八日の日米開戦は、ドイツの対米参戦を引き起こした。ナチのユダヤ人政策は、おそらくこのあたりで追放からドイツ占領地内でのユダヤ人殺害へと転換していった。[31] 以後、ゲマインデが東方へと送り出した者たちは、ほとんど全員がナチの絶滅政策に巻き込まれることになる。先に引用した一九六三年七月二〇日のショーレム宛ての返信で、アーレントが問題にした一九四一年の転換がこれである。しかし、ゲマインデの指導者たちは、この転換をどれほど認識できたのだろうか。

図 17　2017 年に完成したウィーン，旧アスパング駅跡地のホロコースト犠牲者記念碑
（Christian Michelides, CC BY-SA 4.0, via Wikimedia Commons）

「何もしない」という選択肢？

一九四一年二月、三月にオポーレ等に出発した者たちから、まばらとはいえ現地の惨状を伝える手紙は届いており、逃走に成功してウィーンに戻った者もゼロではない。情報は決定的に不足していたとはいえ、ニスコ当時と異なり、もはや総督府への「移住」に関して幻想を抱く者などいなかった。二月、三月の移送では、移送者リストに名のあがったユダヤ人はみずから集合キャンプに出頭するよう求められたが、それに応じず、逃亡して地下に潜る者も出た。そのため一〇月以降の出発では、自発的出頭は強制連行へとかわり、その強制の協力者にさせられたのが、「整理役 Ordner」あるいはユダヤ人のあいだで「狩込み役 Ausheber」と呼ばれたゲマインデ職員たちである。ユダヤ人の「狩込み」は、ユダヤ人が外出禁止となる夜遅く、あらかじめ周囲の道路を封鎖の上、ユダヤ人が集中して住む建物を丸ごと包囲し、建物内のユダヤ人をまとめて連行する方式で執行された。そのさいゲスターポに同行するユダヤ人の整理役は

二手に分かれ、一方は道路で逃亡者を見張り、他方はゲスターポとともにユダヤ人の住居に踏み込み、彼らが手荷物をまとめるのを助け、最後にトラックに乗せて集合キャンプまで連行した。集合キャンプの維持・管理の責任がゲマインデに負わされたことは同じである。

移送では、ウィーンのユダヤ人社会の維持に必要不可欠なゲマインデ職員や医師は除外された。ナチにとっては必要不可欠な整理役のユダヤ人も除外の対象になりえたが、こうしてゲスターポのユダヤ人狩りに協力する彼らが、その仕事によってゲマインデから給与をもらい、移送を免れていることは、当然ながらユダヤ人の反感を買った。ユダヤ人の国外移住が禁止され、移住にかかわる仕事がなくなった後、それらユダヤ人の整理役の統率者としてナチの移送命令の有能な協力者となったのが、あのニスコへの同行者、ムルメルシュタインである。彼については、電話でゲスターポが一〇〇〇人のユダヤ人を出せるかと尋ねたのに対し、二〇〇〇人を調達済みと答えたと、まことしやかに噂された[32]。この噂が示すように、しばしばユダヤ人のあいだで誤解されていたが、移送者リストを作成したのはゲマインデではなく、ナチの移住本部である。整理役は、リストに名をあげられた者たちの連行の協力者にさせられただけである。したがって噂のような発言はありえないことだが、革長靴の踵《かかと》を鳴らし、彼の命令に従わぬ者を怒鳴りつけるムルメルシュタインはナチの将校そのものを思わせ、噂に真実味を与えた。食に事欠きやせ細るウィーンのユダヤ人のあいだで、彼の肥満体も異様だった。

それにしても、かくもウィーンのユダヤ人から恐れ嫌われたムルメルシュタインとは何者か。

ムルメルシュタインは、一九〇五年に東ガリツィアのルヴフ(ルヴフはポーランド語称。ドイツ語称はレンベルク。現在はウクライナのリヴィウ)で生まれ、二三年にウィーンに出て、ウィーン大学で哲学を学ぶとともにユダヤ神学校でも学び、ラビの資格を取っている。一九三一年はじめからウィーンの第二〇区の改革派シナゴーグでラビを務める傍ら、ギムナジウムで宗教の授業を担当したり、ユダヤ神学校でも教えたが、教え子の回想では、彼の教師としての評判は悪いものではなかった。ところが一九三八年の合邦が、ラビにしてユダヤ教の学者であった彼の運命を変えることになる。ホロコーストを生き延びたムルメルシュタインは一九八九年一〇月に死去したが、その直前の五月に行われたインタヴューで語ったところによれば、[33]ムルメルシュタイン一家とレーヴェンヘルツ一家は、ウィーン第九区の同じ建物内に住んでいたが、交流はなく、挨拶を返すぐらいの関係であった。しかし、合邦で、レーヴェンヘルツを含めてゲマインデの幹部すべてが逮捕されるという事態を受け、ムルメルシュタインはレーヴェンヘルツ夫人を訪ね、夫人のために、あるいはゲマインデのために、何かできることはないか、と申し出たという。ムルメルシュタインには第二〇区のシナゴーグのラビとしてゲマインデから給与が支払われていたが、合邦後、ラビの仕事がなくなったにもかかわらず給与をもらい続けるのは申し訳ないという気持ちがあったようだ。

ゲスターポから解放されたレーヴェンヘルツがゲマインデの長に据えられた後、彼はムルメルシュタインに、新設された移住部で仕事をしてほしいと依頼したという。後のレーヴェンヘルツは高圧的なムルメルシュタインを嫌い、恐れてもいたといわれるが、この時点での彼のムルメルシュタイン評価がどのようなものであったのか、わからない。ムルメルシュタインがゲマインデ執行部に入るのは六月である。[34]しかし、ゲマインデの移住部で仕事をする一方で、ムルメルシュタイン自身も国外移住の可能性を探っていたことがわかっている。彼は、国外でラビのキャリアと教師またユダヤ教の学者としてのキャリアが継続できるようなポストを得ようと、複数回にわたってレーヴェンヘルツに推薦書の執筆を依頼しており、アメリカも移住候補地の一つだった。ユダヤ人の国外移住の可能性がほぼ消滅した一九四二年二月にも、ストックホルムのラビのポストに応募しているが、いずれも成功していない。もし、ラビや学者のポストにこだわらなければ移住は実現できたのではないかと思われるが、そのあたりの事情は不明である。

いずれにせよムルメルシュタインは実務能力にすぐれ、ユダヤ人に国外移住の可能性が残るあいだ、その促進に力を尽くしたことは否定できない。悲劇は、「移住」が「東部への移送」へと転換された後、それまでゲマインデで国外移住を促進していた部門が、そのままナチの東方移送に協力する部門へと転換されたことである。では、先の問いに戻れば、ゲマインデの指導者たちはこの「転換」を認識し、アーレントがいうように「何もしない」という選択肢をとりえたのだろうか。

レーヴェンヘルツにせよ、ムルメルシュタインにせよ、当時のゲマインデ指導者たちの一貫した考えは、一部のユダヤ人によるナチへの抵抗は、成功の見込みが皆無であるばかりか、弱ったユダヤ人社会全体に対する攻撃を引き起こすということだった。戦前からゲマインデの扶助部門で身よりのない子供たちの世話にあたってきた女性フランツィ・レーヴ（一九一六―一九九七）は、独断で知り合いのウィーンの大司教に偽の洗礼証明書を発行してもらい、それによって少年一人を東部への移送から救ったが、これを知ったレーヴェンヘルツの最初の反応は、正気を失ったようにレーヴを叱ることだったという。ウィーンに残るユダヤ人全体に責任を負う者としてレーヴェンヘルツは、こうした逸脱が引き起こす報復を神経質に恐れていた[35]。ただ、慕う者が多かったレーヴェンヘルツと嫌う者が多かったムルメルシュタインとの違いは、前者が、指導者として、移送される者たちと残る者たちとのはざまに立つ苦悩を隠さなかったのに対し、後者はみずからの弱さを外部にはさらさず、何事にも決然として事務的に行動したことにあるのだろう。一九三八年一一月のポグロム後もウィーンで唯一残った第一区のシナゴーグでは定期的に礼拝が行われたが、そこでムルメルシュタインは、最後までラビとしての務めをはたしている。彼自身は回想録のなかで、自分がいかに苦しんだかを語っているが、他者の眼には、人の魂の慰めにかかわるべきラビ、ムルメルシュタインと、革長靴の踵を鳴らして移送を取り仕切るムルメルシュタインの姿とは――どちらが本当のムルメルシュタインなのか――あまりにも乖離《かいり》していた。

羊のようにおとなしく？

整理役など移送に協力するゲマインデ職員がひどく嫌われたことは確かだが、では狩込み現場や集合キャンプで、ナチの手先である彼らと移送されるユダヤ人とのあいだに諍いが発生したかといえば、回想録が語るのは別の姿である。[36] ウィーンに残るユダヤ人は、高齢や病気その他の理由で国外移住できなかった者たちと、彼らの世話をする家族やゲマインデの扶助部門の職員が多数を占め、全体として、もはや闘う気力のある集団ではなかった。一九四一年六月三〇日現在のウィーンのユダヤ人人口は、ユダヤ教徒（四万四三三八人）と非ユダヤ教徒（八八七〇人）を合わせて五万三二〇八人であったが、そのうち三万三五二一人は女性であり、男女合わせて二万三六九七人が六〇歳以上の老齢者である。[37]
彼らは移送に対して途方もない恐怖を感じてはいたが、多くの者は、深夜、住居に踏み込んだゲスターポとユダヤ人の整理役の指示に従い、黙々と荷物をまとめ、集合キャンプに向かった。行き先での新生活に備えようと、調理用の石油コンロを持参する者もいた。集合キャンプは押し合いへし合いで、食事もごくわずかしか出ず、トイレは詰まって使用できない状態で、この先どうなるのか誰にもわからなかったが、錯乱に陥る者はいなかったという。年寄りたちは持病のリューマチを気にしていた。(38)

さらにもう一点、事後的に見れば悲劇的ともいえるこうしたユダヤ人の平静さを理解する上で重要なのは、ベルリンやウィーンと、ワルシャワ・ゲットーや独ソ戦下のソ連の占領地とでは、ナチによるユダヤ人の扱いが根本的に異なっていたことである。ウィーンにはゲットーも、ポナリの森(39)もルンブラの森もない。栄養失調の老人や子供は病気に耐えられず、衰弱死する者もいたが、ワルシャワ・ゲットーのように餓死者を荷車に積み上げて運び出す光景や、掘られた穴の前で全裸のユダヤ人が特別行動隊員に大量銃殺される光景など、ウィーンでは想像外だった。第一次世界大戦までオーストリア領だった東ガリツィアでのユダヤ人虐殺の噂はウィーンにも流れてきたが、真偽を確かめようもない。移送のさいウィーンのユダヤ人が乗ったのは、貨車ではなく三等客車であり、出発する列車のなかでカウナスの第九要塞で待ち受ける虐殺死を予測できた者などいなかっただろう。

ゲマインデ職員として働き、戦後に生き残ったヴィルヘルム・シュテルン（一九二〇―一九九九）は、なぜ抵抗しなかったのかという問いに対して語る。

ワルシャワではユダヤ人も蜂起した。ただ、それは比較の対象にならない。なぜなら、あれは、生き延びることはないという確信から生じた恐ろしい絶望行為だったのだから。私自身は、生き延びられるとは決して思わなかった。しかし、それでも、魂の奥深く、どこかでそうありたいと望んでいた。いや、もしそうではなくても、蜂起はしなかっただろう。私一人ではあまりにも弱かった[40]。

一九四二年二月一九日、レーヴェンヘルツとムルメルシュタインは、当時、国家保安本部でユダヤ人問題を担当する第四局B四課の長となっていたベルリンのアイヒマンのもとに呼び出され、大ドイツ帝国領域のすべてのユダヤ人の東部移送が行われる見込みと告げられる[41]。以後、一九四二年のうちに、ミンスクに八五五〇人、ルブリン近郊のイズビツァに六〇〇〇人、テレージエンシュタットに一万四九二六人が移送された[42]。ミンスクに移送されたユダヤ人のほとんどは、ブラゴフシュチナの森で殺害された（図18）。ウィーンからユダヤ人がいなくなれば、その世話のために残されたゲマインデ職員も、整理役も、もはや不要である。同年一〇月一日と九日に、ゲマインデ職員七〇〇人から八〇〇人が家族とともに東部に移送され[43]、ムルメルシュタイン一家もまた、一九四三年一月二八日、テレージエンシュタットに向かった。このときアイヒマンは、レーヴェンヘルツ夫妻をテレージエンシュタットに送り、ムルメルシュタインはウィーンに残すことを考えていたようだが、彼はそれを断っている。ムルメルシュタインには、レーヴェンヘルツ夫人は移送には耐えられないという判断があったようだ。

本来のウィーンのユダヤ教徒のゲマインデは、一九四二年一一月にはほとんど消滅したといってよい。アイヒマンが、ゲマインデによる外貨運用を可能とするため、その公法上の自治的団体としての地位の維持を求めたことは前章で述べた。しかし、ここにいたれば、もはやそれも不要である。一一月一日以降、ゲマインデは公法上の自治的団体としての地位を喪失して私的団体(Verein)となり、名称もゲマインデから「ウィーン在住ユダヤ人長老評議会 der Ältestenrat der Juden in Wien」に変更された。長老評議会には、非ユダヤ教徒だがニュルンベルク人種法によって「人種的に」ユダヤ人とされた者たちも、すべて所属することが求められた。その結果、一九四三年の長老評議会活動報告書に

図 18-1　ミンスク南東のマーリィ・トロスティネツ村近郊のブラゴフシュチナの森に建つホロコースト記念碑　ベラルーシ語で次のように書かれている.「この場所で 1941 年から 1943 年のあいだにドイツ・ファシストの占領者たちは，ソヴィエトの戦争捕虜，ミンスクの地下活動家，共和国のパルチザン，共和国のさまざまな場所の市民，ミンスク・ゲットーおよびヨーロッパ各地からのユダヤ人，合わせて 15 万人以上を絶滅させた.」2017 年，著者撮影.

図 18-2　記念碑奥の林の木には，マーリィ・トロスティネツで殺害されたオーストリアのユダヤ人の記憶を継承するための団体 IM-MR により，彼ら／彼女らの名を記したプレートが取りつけられている．2017 年，著者撮影.

よれば、同年一二月三一日現在、評議会が把握するユダヤ人の数は六二五九人となったが、そのうち五〇九四人は、非ユダヤ人と結婚しているニュルンベルク人種法上のユダヤ人である(44)。彼らのうち、特に女性の多くは結婚を機にユダヤ教から離脱し、以後、ユダヤ教徒のゲマインデとはかかわることのなかった者たちであった。

三　正義と不正義の境界

テレージエンシュタットのムルメルシュタイン

最後に、テレージエンシュタットのムルメルシュタインについて書き足しておきたい。本章の冒頭で引用したアーレントとショーレムの往復書簡には続きがある。一九六三年六月二三日付けのアーレント宛ての書簡で、ショーレムは、「私は判断を下せる立場にはありません。その場にいなかったのですから」と述べたが、その判断を控えたショーレムが書簡でただ一人、「私が話をした収容者の誰もが認めるとおり、ユダヤ人の手で吊るされるに値する」(45)と審判を下した人物、それがテレージエンシュタットを生き延びたムルメルシュタインであった。ムルメルシュタインはテレージエンシュタットへ移送されると、そこでユダヤ人長老評議会の一員となり、一九四四年九月二七日に長老パウル・エプシュタイン(一九〇二－一九四四)が処刑された後、収容所で最後の長老となる。同年九月末から一〇月末まで、テレージエンシュタットからアウシュヴィッツへの最後の大規模移送は彼のもとで執行された。ショーレムが「吊るされるに値する」としたのは、この最後のアウシュヴィッツ移送に関連して発せられた言葉であると思われる。
六月二三日付けのショーレムの書簡とそれに対するアーレントの七月二〇日付けの返信は、一〇月、『新チューリヒ新聞』に掲載された。[46] 公開にあたってショーレムは、上記のムルメルシュタインにかかわる一文を書き換え、個人名を削除したのではないかと推測されるが、結果的には新聞編集部の手違いで原文のまま印刷されたという。[47] しかし、それでもショーレムもアーレントも、ムルメルシュタイン本人が「その場にいた者」として彼らの議論に割り込んでこようとは、予想していなかったのではないだろうか。ところがムルメルシュタインは同じ『新チューリヒ新聞』に「テレージエンシュタットの最後」と題する長文を寄稿し、テレージエンシュタットでアウシュヴィッツへの移送者リストを作成したのは自分ではなく、ナチの当局者であったと弁明したのだ。ムルメルシュタインは、長老評議会のメンバーは、役得として食料配給の割り増しとか、よりよい宿舎の割り当てを受けたりしていたが、自分はそのような優遇を受けなかった唯一の者だったとする。そして、事情を知らない当時の収容者の目にはどう見えようと、テレージエンシュタットでみずからの判断と行動を決定したのは収容者の生命の維持という目的がすべてであったとした。[48]
テレージエンシュタットは、ドイツの保護領であったチェコからユダヤ人を一掃し、東方へと移送するための通過収容所として一九四一年一一月末から整備が始まり、翌四二年の二月頃に完成する。チェコのユダヤ人の移送は一九四二年のはじめから開始されるが、同年六月にはドイツ各地やウィーンのユダヤ人のテレージエンシュタット到着も本格化し、同収容所は、ドイツやウィーンのユダヤ人の通過収容所にもなった。主たる移送先は、トレブリンカ、アウシュヴィッツである。そのさい悲劇的であったのは、誰を移送するか、テレージエンシュタットのユダヤ人長老評議会が移送者リストの作成をやらされたことである。ユダヤ人が同胞を選別して絶滅収容所に送るという悲劇は、ポーランドをはじめ、ドイツの占領地に設置された多くのゲットーで発生したことであり、アーレントが許せなかったユダヤ人の「道徳的崩壊」がこれだ。しかし、一九四四年九月末に始まるテレージエンシュタットからアウシュヴィッツへの最後の移送で、長老職についたムルメルシュタインは移送者リストの作成を拒否している。これは事実である。

テレージエンシュタットは一九四五年五月五日に赤十字国際委員会の管理下に入り、五月八日にはソ連の部隊が到着した。ムルメルシュタインは身柄を拘束され、一九四五年六月にテレージエンシュタット北部の町ライトメリッツ（チェコ語称、リトムニェジツェ）の法廷で、ナチ協力のために裁かれたが、彼が移送者リスト作成を拒否したことは、テレージエンシュタットの最後の収容所長によっても確認された。収容所でのムルメルシュタインに対する評価は、収容者によって大きくわかれる。いずれの収容所にも、力の強い者や役得のある者が余計に食料を手に入れたり、労働を免れたりする不公平はあり、収容者の一部は、そのような不公平によって他の収容者の命を犠牲にして生き延びたが、ムルメルシュタインは、それを厳格に取り締まり、重労働に従事する者や病人、子供に多くの食事を配分するなど、収容所での生活の規律化に努めたとされる。それによってムルメルシュタインは、一部の者たちに非常に嫌われた一方、彼が長老職についてから食料配給が公平になったと評価する証言もある。

いずれにせよ裁判では、彼のナチ協力を立証できる証拠がないため、ムルメルシュタインは一年半後の一九四六年一二月に解放された。しかし、もはやオーストリアに帰ることはなかった[49]。ムルメルシュタインは、ローマで、ついでトリエステでラビのポストを得ようとするが、得られず、オーストリア国籍を保持したままイタリアでの居住権を得て、最終的にはローマで家具の販売人として生計を立て、一九八九年に八四歳で死亡した。裁判での結果にもかかわらず、彼には、その死にいたるまで「ナチ協力者」の非難がついてまわった。死後も、ローマの大ラビ、エリオ・トアッフ（一九一五―二〇一五）はムルメルシュタインに対して死者のための祈りを拒否し、彼の墓も妻の隣ではなく、ユダヤ墓地の端を指定されるなど、屈辱的な扱いを受け続ける。

しかし、ホロコーストにおいて、殺されたユダヤ人だけが正義の人なのか。

最後の不正義者

クロード・ランズマン（一九二五―二〇一八）は、ショアー（ヘブライ語で「大惨事」を意味し、ホロコーストと同義で用いられる）に関連するドキュメンタリー映画を三本制作している。最も知られているのは一九八五年公開の『ショアー』（日本での公開は一九九五年）だ。第二作で二〇〇一年公開の『ソビブル、一九四三年一〇月一四日午後四時』は、タイトル通り、この日に開始された絶滅収容所ソビブルでの蜂起を扱ったもので、主題は明確であり、上映時間も九八分と短い。これに対して二〇一三年になって公開された邦題『不正義の果て』は、ランズマンによるムルメルシュタインへのインタヴューで構成された四時間近い映画だが、少なくとも日本の観客には、そこで語られている事実関係のほとんどが理解できなかったのではないだろうか。映画館で寝込んでしまった周囲の人たちを見て、もしかすると日本でこの映画に関心を持つのは私ぐらいではなかろうかと「孤独」を感じた。

ランズマンによれば、ムルメルシュタインへのインタヴューは『ショアー』の準備段階ですでに一九七五年に行われたが、抑制のきいた『ショアー』の語りとムルメルシュタインの饒舌《じょうぜつ》があまりにも異質なため、ランズマンは両者を別個に扱うことに決めたという。映画で印象的なのは、ランズマンがムルメルシュタインに彼の言い分を滔々《とうとう》と語らせていることだ。ムルメルシュタインは一九六一年に、同年のアイヒマン裁判が始まる直前のタイミングで、イタリア語で回想録『テレージエンシュタット』を出版している。[50] そこに書かれていることは、一九六三年の『新チューリヒ新聞』でも繰り返されたこと、すなわち、いかに自分が自身の危険を顧みず、ナチに言うべきことを言い、収容者の命を守ろうとしたか、ということであり、ナチに対するちょっとした「抵抗者」気取りのところさえある。この態度は、一九七五年のランズマンによるインタヴューでも変わることはない。

ムルメルシュタインの言い分を聞きながら思い浮かべるのは、功利主義ではよく知られた「トロリー（路面電車）問題」である。すなわち、「暴走するトロリーで、もし、あなたが何もしなければ線路に縛りつけられた五人はひき殺されるが、あなたがスイッチを切り替え、トロリーを別の線路に引き入れれば五人は助かる。ただし、そのとき別の線路に縛りつけられた一人が死ぬことになる。あなたはどうするか」という問題だ。このトロリー問題に対して、ウィーンからテレージエンシュタットにいたるまで、ムルメルシュタインが一貫して選択した答えは、ナチの命令に従い、一人を棄てて五人を生かすことだった。ホロコーストにおける無数の同様の例において、最後には、こうして生かしたはずの五人も、結局は殺害された場合がほとんどだった。戦後のムルメルシュタインが、それを知らないはずはない。しかし、彼は、戦後になっても、みずからの答えの選択に対するためらいも、自分が見捨てた一人に対する哀悼も、結局は殺害された五人に対する哀悼も、語ることはない。これこそムルメルシュタインが嫌われる最大の理由である。

しかし、彼はみずからが正義だとはいわなかった。『新チューリヒ新聞』でのショーレムとアーレントの往復書簡に対する応答で、ムルメルシュタインは、アンドレ・シュヴァルツ＝バルト（一九二八―二〇〇六）の小説『最後の正義者』（一九五九年）を踏まえつつ、「第三帝国時代のユダヤ人長老の唯一の生き残りとして、私は「最後の不正義者」だ」[51]と書く。この言葉はランズマンの映画でも繰り返され、映画の原タイトル『最後の不正義者 Le dernier des injustes』はこれに由来する。シュヴァルツ＝バルトの小説における「最後の正しき人」であるエルニ・レヴィは、ナチのガス室で倒れ、死体焼却炉で焼かれて消えてしまうが、それに対してムルメルシュタインは、生き残った自分は「最後の不正義者」だというのだろう。

だが、殺されたユダヤ人だけが正義の人なのか。この問いは、ホロコースト後のユダヤ人社会を縛り続けた。戦後の脱ナチ化（非ナチ化）裁判は第三部で扱うテーマだが、ムルメルシュタインのように、ユダヤ人で脱ナチ化裁判にかけられた者も少なくはない。ウィーンのムルメルシュタインのもとで整理役の一グループを率いたヴィルヘルム・ライス（一八九二―一九四六）は、戦後オーストリアの脱ナチ化法廷で有罪判決を受け[52]、獄中で自殺した。彼のように、戦後、みずから命を絶ったいわゆる「ユダヤ人のナチ協力者」も例外ではない。ショーレムにとって、当時のユダヤ評議会の役割に対して歴史的判断を下すには、冷静さを保証してくれるような時間的距離が必要だった。アーレントとショーレムの往復書簡からすでに半世紀以上たつ。その間に、ユダヤ評議会に関する個別研究も進展した。しかしながら「歴史的判断」とは、いかなるものであるのか。私はいまも答えを見出すことができない。

（1）アイヒマンの「実像」に対して生じた誤解については、ベッティーナ・シュタングネト『エルサレム〈以前〉のアイヒマン――大量殺戮者の平穏な生活』（香月恵里訳、みすず書房、二〇二一年）を参照。
（2）Hannah Arendt, *Eichmann in Jerusalem*, revised and enlarged edition, New York 1976, p. 125. ハンナ・アーレント『イェルサレムのアイヒマン――悪の陳腐さについての報告』大久保和郎訳、みすず書房、一九六八年、九九頁。
（3）ibid., p. 117f. 同訳書、九二頁以下。
（4）Hannah Arendt u. Gershom Scholem, *Der Briefwechsel*, hrsg. von Marie Luise Knott, Berlin 2010, S. 431. マリー・ルイーズ・クノット編『アーレント＝ショーレム往復書簡』細見和之・大形綾・関口彩乃・橋本紘樹訳、岩波書店、二〇一九年、三七〇頁。ただし訳文は引用者による。以下同様。
（5）Arendt u. Scholem, *Der Briefwechsel*, S. 441. 同訳書、三七九頁。
（6）IKG, Archiv, A/W 126, Report of the Vienna Jewish Community, p. 49.
（7）Dokument o konferencji w urzędzie policji bezpieczeństwa z 21 września 1939 r., in: *Biuletyn Żydowskiego Instytutu Historycznego*, 1964, H. 1（49）, s. 71. この会議に関連する同日のハイドリヒの指示については、*Die Verfolgung und Ermordung der europäischen Juden durch das nationalsozialistische Deutschland 1933–1945*, Bd. 4, bearbeitet von Klaus-Peter Friedrich, München 2011（以下 VEJ, Bd. 4 と略記）, Dokument 12. を参照。
（8）VEJ, Bd. 4, Dokument 15.
（9）Dokumentationsarchiv des österreichischen Widerstandes, Wien, Archiv（以下 DÖW, Archiv と略記）, 17072/a.

Die Verfolgung und Ermordung der europäischen Juden durch das nationalsozialistische Deutschland 1933–1945, Bd. 3, bearbeitet von Andrea Löw, München 2012（以下 VEJ, Bd. 3 と略記）, Dokument 264. も参照。

（10）Löwenherz-Bericht, S. 17.

（11）ダッハウやブーヘンヴァルトの収容所に囚われている者は、二週間以内の出国を条件として解放されたが、解放後、この二週間の出国期限が迫っている者もポーランド移住者に加えることができた。

（12）DÖW, Archiv, 17072/a.

（13）IKG, Archiv, A/W 2735. 一九三九年九月五日、ゲスターポのカール・エブナーは、レーヴェンヘルツに対してウィーンに残るユダヤ人の台帳作成を命じており（Löwenherz-Bericht, S. 16.）、移住本部における移住者リスト作成には、その台帳が利用された可能性が高い。

（14）Löwenherz-Bericht, S. 18.

（15）Benjamin Murmelstein, *Theresienstadt. Eichmanns Vorzeige-Ghetto*, aus dem Italienischen von Karin Fleischanderl, hrsg. von Ruth Pleyer u. Alfred J. Noll, Wien 2014, S. 22.

（16）Dokumentationsarchiv des österreichischen Widerstandes（Hg.）, *Jüdische Schicksale. Berichte von Verfolgten*, Wien 1992, S. 501.

（17）Murmelstein, *Theresienstadt*, S. 23–24.

（18）*Widerstand und Verfolgung in Wien 1934–1945*, Bd. 3, S. 286f., Dokument 159. 現場を追われた者たちの一部は移動途上で命を落としたが、多くはソ連支配地域に入ることに成功する。独ソ分割線確定から間もないこの時期、境界管理の混乱をつき、総督府から多数のユダヤ人がソ連側に逃走した。ニスコに関してほぼ唯一の単行本として Jonny Moser, *Nisko. Die ersten Judendeportationen*, Wien 2012. を参照。ザジェチェのキャンプは一九四〇年四月に放棄され、収容者はもとの居住地に戻された。

（19）Löwenherz-Bericht, S. 19–20.

（20）Moser, *Demographie der jüdischen Bevölkerung Österreichs 1938–1945*, S. 43.

(21) VEJ, Bd. 3, Dokument 123. ただしウィーンからの移送者は、一九四一年五月までに一万人と見込まれていた。Vgl. *Widerstand und Verfolgung in Wien 1934–1945*, Bd. 3, S. 289, Dokument 164 u. 165.

(22) VEJ, Bd. 3, Dokument 144. 前掲の注(13)で述べたユダヤ人台帳作成から一年以上経過しており、一九四一年二月以降の移送者リストの作成には、前年一〇月に作成された配給台帳が利用された。

(23) IKG, Archiv, A/W 2735.

(24) VEJ, Bd. 3, Dokument 151.

(25) Else Behrend-Rosenfeld u. Gertrud Luckner (Hg.), *Lebenszeichen aus Piaski. Briefe Deportierter aus dem Distrikt Lublin 1940–1943*, München 1970, S. 136. 二月一九日にウィーンを出発し、二〇日にキェルツェに到着した一〇〇〇人について、彼らを受け入れた現地ユダヤ人の報告によれば、約七割は老人と病人であり、八〇人は精神病者、三〇人はかなりの高齢者だった。VEJ, Bd. 4, Dokument 246.

(26) *Lebenszeichen aus Piaski*, S. 134.

(27) Löwenherz-Bericht, S. 40.

(28) *Widerstand und Verfolgung in Wien 1934–1945*, Bd. 3, S. 296, Dokument 177. ロマもまたユダヤ人と同様にナチによる「人種的」迫害の対象とされたが、ロマについては文書史料が乏しく、犠牲者の総数など、不明なことが多い。

(29) モーザーによれば、一九三八年三月の合邦時に、ニュルンベルク人種法に基づくオーストリアのユダヤ人人口は推定二〇万六〇〇〇人であり、このうち四五年までに約一三万人が移住した。この数字には、国外追放者や、一九四二／四三年の不法移住者も含まれる。Moser, *Demographie der jüdischen Bevölkerung Österreichs 1938–1945*, S. 56.

(30) ルンブラの森での虐殺について詳しくは、野村真理「一九四一年リーガのユダヤ人とラトヴィア人——ラトヴィア人のホロコースト協力をめぐって」(後篇)(『金沢大学経済論集』第三〇巻、第二号、二〇一〇年)を参照。一九四一年一一月から翌年二月のあいだに、ドイツ本国およびウィーンから合計約二万人がリーガに移送された。ミンスクには、一九四一年一一月から一二月半ばまでに、同じくドイツ本国およびウィーンから約七〇〇〇人が到着した。Henry Friedlander, The Deportation of the German Jews. Post-War German Trials of Nazi Criminals, in: *Leo Baeck Institute Yearbook*, XXIX, 1984, p. 213–214. Moser, *Demographie der jüdischen Bevölkerung Österreichs 1938–1945*, Anhang 3. ミンスクのホロコーストについては、野村真理「ミンスクのホロコースト――ユダヤ人抵抗運動の成果と限界」(前篇)・(後篇)(『金沢大学経済論集』第三九巻、第一・二号、二〇一八・一九年)を参照。

(31) ナチの指導部において、ユダヤ人の絶滅政策はいつ決定されたのか。一九三九年九月一日の第二次世界大戦開戦時に遡れば、本章のはじめに述べた九月末策定の指針③に基づき、総督府内の都市にゲットーが設置された。そのなかで最大規模であったのが、一九四一年三月の最大時で推定約四六万人が閉じ込められたワルシャワ・ゲットー(一九四〇年一一月一六日に封鎖完了)である。しかし、それまでのユダヤ人の生計を破壊し、ゲットーへと隔離した結果としてナチは、自活できない膨大な数の人間集団を抱え込むことになった。そのため月日がたつにしたがいゲットーの管理にあたるナチ幹部のあいだでは、ユダヤ人の一部はゲットー外の建設現場やゲットー内のマニュファクチュア等で労働力として使用されているとはいえ、ゲットーの維持にかかるコストを考えれば、ゲットーは割に合わないという不満がくすぶり始めていた(VEJ, Bd. 4, Dokument 270. を参照)。そもそもゲットーの設置は、「ユダヤ人の管理と移動を容易にするため」であった。しかし、移動/追放先がないまま、一九四一年六月の独ソ戦開戦後、一〇月に開始された大ドイツ帝国領域のユダヤ人の東部移送がゲットー政策のさらなる行き詰まりを露呈させたことは、本章で述べた通りである。

　では、ゲットーの解体のみならず、ドイツ本国や西側占領地、さらにはハンガリー、ルーマニアなど同盟国のユダヤ人も対象とする絶滅政策は、いつ最終決定されたのか。これを明らかにする決定的な文書史料は存在せず、研究者の見解は、独ソ戦開戦後の早い時期とするものから、同年の秋あるいは一二月とするもの等にわかれている。おもな見解については、芝健介氏の『ホロコースト――ナチスによるユダヤ人大量殺戮の全貌』(中公新書、二〇〇八年)の二四二頁以下で簡潔に紹介されており、比較的最近、日本語訳が出版されたウルリヒ・ヘルベルト『第三帝国――ある独裁の歴史』（小野寺拓也訳、角川新書、二〇二一年）の一九四一年一〇月末から一一月末説については、永岑三千輝氏が「独ソ戦・世界大戦とドイツ・西欧ユダヤ人の東方追放――「ユダヤ人問題最終解決」累進的急進化の力学」（『横浜市立大学論叢』人文科学系列、第七四巻、第一号、二〇二三年）で、批判的な検討を行っている。ここで、芝氏の著書では触れられていない日本人による研究について補足すれば、栗原優氏（『ナチズムとユダヤ人絶滅政策――ホロコーストの起源と実態』ミネルヴァ書房、一九九七年）が、決定は、独ソ戦開戦後、八月前半までの早い時期であるとするのに対し、永岑氏（『ホロコーストの力学――独ソ戦・世界大戦・総力戦の弁証法』青木書店、二〇〇三年。『独ソ戦とホロコースト』日本経済評論社、二〇〇一年）は、これを批判し、決定は、一九四一年一二月八日の日米開戦を受け、ヒトラーが一二月一一日に対米宣戦布告演説を行うあたりまでのことであったとしている。

私自身は、ヘルベルトも指摘していることだが（前掲訳書、一八五頁）、一一月二九日付けでハイドリヒが、一〇月に開始された大ドイツ帝国領域のユダヤ人の東部移送状況を踏まえながら、ヨーロッパにおけるユダヤ人問題の全体的な解決にかかわる問題を討議するため、関係者に対し、一二月九日にヴァンゼーにて会議を開催することを告知したこと（*Die Verfolgung und Ermordung der europäischen Juden durch das nationalsozialistische Deutschland 1933–1945*, Bd. 6, bearbeitet von Susanne Heim, Berlin/Boston 2019（以下 VEJ, Bd. 6と略記）, Dokument 47. を参照）、この会議は、アメリカ参戦のため翌年一月二〇日に延期されたが、最終決定はそれより前に決定済みであったこと（VEJ, Bd. 6, Dokument 65. を参照）に着目し、決定は、一一月末から一二月のうちに最終的な形で固められていったのではないかと考えている。

なお、ドイツの同盟国ルーマニアのホロコーストについては、野村真理「ホロコーストとルーマニア」（前篇）・（後篇）（『金沢大学経済論集』第三六巻、第一・二号、二〇一五・一六年）を参照。

（32） Yad Vashem Archives, Jerusalem, Mautner, O1/163, Munisch Menasche Mautner, "Bericht aus Wien 1938–1942", S. 10.

（33） Pierre Genée u. Gabriele Anderl, Wer war Dr. Benjamin Murmelstein? in: *David*, Jg. 10, Nr. 38, September

1989. インタヴューは、一九八九年五月、ジェネとアンデルルにより、ローマで二回にわたり行われた。このときすでにムルメルシュタインは健康体ではなく、ときとして自身を三人称で語ったり、話を繰り返したり、感情的になるなどしたという。

（34）Claude Lanzmann, *Der Letzte der Ungerechten*, Reinbek bei Hamburg 2017, S. 34.

（35）*Jüdische Schicksale*, S. 189–190.

（36）一九四二年七月にテレージエンシュタットに向かったカミラ・ヒルシュ（一八六九―一九四八）のケースについては、VEJ, Bd. 6, Dokument 140. で知ることができる。

（37）*Widerstand und Verfolgung in Wien 1934-1945*, Bd. 3, S. 252, Dokument 103.

（38）集合キャンプの惨状については、*Jüdische Schicksale*, S. 505–510. VEJ, Bd. 3, Dokument 151, S. 394.

（39）ポナリの森は、リトアニアのヴィリニュスのユダヤ人の大量虐殺現場である。

（40）*Jüdische Schicksale*, S. 286.

（41）Löwenherz-Bericht, S. 44.

（42）IKG, Archiv, A/W 2735.

（43）Löwenherz-Bericht, S. 49.

（44）DÖW, Archiv, 3465, Bericht über die Tätigkeit des Ältestenrates der Juden in Wien im Jahre 1943, S. 1.

（45）Arendt u. Scholem, *Der Briefwechsel*, S. 431. 前掲注（4）訳書、三七一頁。

（46）Hannah Arendt u. Gershom Scholem, Ein Briefwechsel über Hannah Arendts Buch «Eichmann in Jerusalem», in: *Neue Zürcher Zeitung*, Fernausgabe, Nr. 287, 19. Oktober 1963, Blatt 20.

（47）Arendt u. Scholem, *Der Briefwechsel*, S. 456 u. S. 457, Anm. 1. 前掲注（4）訳書、三九二頁。

（48）B. Murmelstein, Das Ende von Theresienstadt. Stellungnahme eines Beteiligten, in: *Neue Zürcher Zeitung*, Fernausgabe, Nr. 346, 17. Dezember 1963, Blatt 3.

（49）オーストリアでは、ムルメルシュタインに対し、一九四九年四月と五五年八月の二回、テレージエンシユタットでのユダヤ人収容者に対する虐待容疑で裁判所に捜査願が提出されたが、いずれも裁判開始にはいたらなかった。Wiener Stadt- und Landesarchiv, 2.3.14.A1-Vg.Vr.-Strafakten/1945–1955, Vg.698/55（Benjamin Murmelstein）.

（50）本書では、そのドイツ語版を使用した。Benjamin Murmelstein, *Theresienstadt. Eichmanns Vorzeige-Ghetto*, aus dem Italienischen von Karin Fleischanderl, hrsg. von Ruth Pleyer und Alfred J. Noll, Wien 2014.

（51）Murmelstein, Das Ende von Theresienstadt, Blatt 3. ランズマンの映画の原題〝Le dernier des injustes〟は、ムルメルシュタインのこの発言に因んでいる。

（52）Wiener Stadt-und Landesarchiv, 2.3.14.A1-Vg.Vr.-Strafakten/1945–1955, 2911/1945（Wilhelm Reisz）.

第Ⅲ部　二つの顔を持つ国

はじめに

一九四五年四月一三日、午後二時、ソ連軍によるウィーン解放が完了した。ウィーンのユダヤ人にとって、戦争はこの日に終了した。

ウィーン在住ユダヤ人長老評議会によって作成された最後の活動報告書によれば、一九四四年一二月三一日現在、長老評議会が把握するユダヤ人の数は五七九九人であり、一年前に比べ、さらに四六〇人減少した(1)。解放後、数週間は長老評議会が業務を継続したが、レーヴェンヘルツは五月、ソ連軍によってナチ協力の嫌疑で拘束される(2)。本来のユダヤ教徒のゲマインデは、六月にオーストリア臨時政府によって暫定的に会長に任命されたハインリヒ・シュール(一八七一—一九五三)のもとで再開された(3)。

このゲマインデによって作成された統計データによれば、一九四五年一二月三一日現在、ゲマインデが把握しているオーストリア共和国在住のユダヤ教徒の数は三九五五人である。そのうち一九七七人は、非ユダヤ人との結婚や、ナチ支配下で身を隠すことに成功して「Uボート(潜水艦)」と呼ばれた者たちなど、何らかの方法で国内で生き延びた者たちであり、一七二七人は強制収容所からの帰還者、二五一人は国外からの帰還者である(4)。ここには、オーストリアのDPキャンプ(5)にいた、ほとんどはオーストリア以外を出身地とするユダヤ人は含まれない。戦争終結後、ゲマインデが強制収容所や国外からの帰還者のすべてを把握していたわけではないことを考えれば、ユダヤ教徒の実数は三九五五人より多かったかもしれない。しかし、いずれにせよ戦前と比べて無惨としか言いようがない数字である。

その後、強制収容所からの帰還や、移住先というより仮の亡命先であった上海やパレスティナ、また、その他の移住地からの帰還が続き、ゲマインデが把握しているウィーンのユダヤ人(ユダヤ教徒)の数は、一九四六年末には六四二八人、四七年末には八七六九人と、徐々に増加する。[6] しかし、帰還者は、ウィーン市民によって歓迎されたわけでも同情されたわけでもなかった。一九四六年八月一五日発行のゲマインデの機関誌『デア・ノイエ・ヴェーク(新しい道)』は、巻頭の「オーストリアにおけるユダヤ人の地位」と題する論説で嘆く。オーストリアの世論調査機関が実施したアンケートによれば、国民の四六%はユダヤ人の帰還に反対しており、帰還を肯定するのは、インテリ層を中心に二八%にすぎず、残りは無関心だというのである。[7] この数字が、論説執筆者が述べる通り、国民の多数が反ユダヤ主義的であることの結果かどうか、単純に言い切ることはできない。敗戦で経済的に破綻しているいまのオーストリアに帰還しても、どうしようもあるまい、ということかもしれない。しかし、かつてユダヤ人の住居や工場や店舗を乗っ取ったアリズールたちにしてみれば、いまさらもとの持ち主に帰ってきてほしくないというのが本音だったのではないだろうか。アリズールたちは、ユダヤ人が剝奪された財産の返還を求めると、お前たちは、自分が店や工場を買い取ってやったおかげで国外に移住する金を手に入れ、ホロコーストを生き延びることができたではないか、と開き直った。

戦後西ドイツにおける「過去の克服」の取り組みや、ナチによる迫害の犠牲者に対する補償は、石田勇治氏や武井彩佳氏をはじめとするドイツ現代史研究者によって、日本でも比較的詳しく紹介されている。(8) しかし、オーストリアの取り組みや補償については、ほとんど知られていない。(9) そのため、一般読者にとっては記述が細かすぎ、少々煩《わずら》わしいかもしれないが、第三部では、第一章で、戦後オーストリアにおけるユダヤ人犠牲者補償問題の展開について述べ、第二章では、それと密接に関連するオーストリアの歴史認識のあり方について述べる。

（1） IKG, Archiv, A/W 118, Bericht über die Tätigkeit des AELTESTENRATES DER JUDEN IN WIEN im Jahre 1944, S. 1.

（2） レーヴェンヘルツは三カ月間チェコスロヴァキア内で拘束されたが、解放された。その後、ロンドンでユダヤ人によって起こされた裁判でもナチ協力の罪に問われることはなく、妻ゾフィーとともに子供たちがいるアメリカへと移住した。一九六〇年五月にアルゼンチンでアイヒマンが逮捕された後、イスラエル領事より来る裁判のために書面での証言を求められたが、同年末、その依頼を受けたほとんど直後に死亡した。

（3） シュールは、妻が非ユダヤ人であったことにより、ホロコーストを生き延びたユダヤ人の一人である。当時すでに七四歳の高齢であった彼は一九四五年九月に会長職を退いたため、ゲマインデで役員選挙が実施されるまでのつなぎとして、再び政府によりダーフィト・ブリルが仮の会長に任命された。ブリルの妻も非ユダヤ人であった。彼は長年にわたるオーストリア共産党員であり、彼の任命には、当時、ゲマインデを所轄する教育相であった同じく共産党員のエルンスト・フィッシャー（一八九九―一九七二）の意向が強く働いていた。ブリルは、一九四六年四月七日実施の戦後初のゲマインデ選挙で正式に会長に選出された（在任一九四八年まで）。ブリル以後も一九五二年まで、ウィーンのゲマインデの歴史のなかでこの時期の特異性は、共産党に近いメンバーが役員のほとんどを占めたことである。彼らのように戦争中、ゲマインデ執行部の外にいた者たちは、戦後のいわゆる「ユダヤ人のナチ協力者」に対する脱ナチ化（非ナチ化）裁判とは無縁であり、また、当時のユダヤ人生存者のあいだには、多くの犠牲を伴いつつナチ・ドイツと戦ったのはソ連であるという、一定の了解もあった。

第二次世界大戦後のゲマインデのクロニクルとして、エヴェリン・アードゥンカの五六八頁の大著 Evelyn Adunka, *Die vierte Gemeinde: die Geschichte der Wiener Juden von 1945 bis heute*, Berlin/Wien 2000. がある。アードゥンカの著書が、戦後ゲマインデに関する人名・事項事典の感があるのに対し、ヘルガ・エムバッハーの Helga Embacher, *Neubeginn ohne Illusionen. Juden in Österreich nach 1945*, Wien 1995. は、帰還者問題やアイデンティティ問題、戦後補償問題など、戦後ユダヤ人社会が直面したさまざまな問題を論じたほとんど最初の本格的な研究書である。

（4）DÖW, Archiv, 9973/01, Statistische Daten über die jüdische Bevölkerung in Österreich per 31. Dezember 1945, S. 10.

（5）ＤＰはDisplaced Personsの略語である。通例では難民と訳されることが多いが、第二次世界大戦後しばらくは、戦争に起因する事情によってもとの居住国を離れることを強制ないしは余儀なくされた連合国国民を指す語として限定的に使用され、マスコミでも公文書でもＤＰという略語がそのまま用いられた。具体的には、戦争中、強制収容所に移送されたユダヤ人や、ウクライナその他からドイツに連行された強制労働従事者などがそれにあたる。戦争終結後、彼らはもとの居住国に帰還するまで、あるいは新たな再定住先を得るまで、連合国が管理するＤＰキャンプに収容された。ユダヤ人ＤＰ問題について詳しくは、野村真理『ホロコースト後のユダヤ人——約束の土地は何処か』（世界思想社、二〇一二年）を参照。

（6）*Bericht des Präsidiums der Israelitischen Kultusgemeinde Wien über die Tätigkeit in den Jahren 1945–1948*, S. 48.

（7）*Der neue Weg*, Jg. 1946, Nr. 29/30, S. 1.

（8）数多くある研究のすべてをあげることができない非礼をお詫びするしかない。代表的な著作として、石田勇治『過去の克服――ヒトラー後のドイツ』（白水社、二〇〇二年）があり、ユダヤ人に関しては、武井彩佳『ユダヤ人財産はだれのものか――ホロコーストからパレスチナ問題へ』（白水社、二〇〇八年）、同『〈和解〉のリアルポリティクス――ドイツ人とユダヤ人』（みすず書房、二〇一七年）がある。

（9）オーストリア本国でも、たとえば Brigitte Bailer, *Wiedergutmachung kein Thema. Österreich und die Opfer des Nationalsozialismus*, Wien 1993. など、ナチ迫害の犠牲者に対する戦後補償問題に関して本格的な研究が始まるのは、後述のヴァルトハイム事件以降である。日本では、歴史教育のあり方から戦後オーストリアの歴史認識の問題点を検証した著作として、近藤孝弘『自国史の行方――オーストリアの歴史政策』（名古屋大学出版会、二〇〇一年）がある。また、水野博子『戦後オーストリアにおける犠牲者ナショナリズム――戦争とナチズムの記憶をめぐって』（ミネルヴァ書房、二〇二〇年）は、第二次世界大戦後のオーストリア政府が、ファシズムやナチズムに対する抵抗運動の「犠牲者」、ナチ・ドイツという他人が起こした戦争に巻き込まれた「戦争犠牲者」、「合邦」のためにナチ体制に組み込まれ、そのため戦後の脱ナチ化政策の犠牲となった「元ナチという犠牲者」の三者すべてを「犠牲者オーストリア人」として統合し、ナチの蛮行の責任を負うべき「ドイツ人」と犠牲者「オーストリア人」との差異化をはかりつつ、戦前のドイツ人の国民国家と決別して、オーストリア人の国民国家を構築していった過程をていねいに検証している。

第一章 オーストリアの戦後補償

一 犠牲者援護法と返還法

オーストリアの独立回復宣言

一九四五年三月一六日、ソ連軍はオーストリア東部からウィーンに向かって進撃を開始し、四月一三日、ウィーンは陥落する。一方、アメリカ軍は四月末、西部国境からオーストリア領内に入り、イギリス軍、フランス軍がそれに続いた。五月にヨーロッパにおける第二次世界大戦が終結した後、オーストリアは七月九日にアメリカ、イギリス、フランス、ソ連のあいだで合意された管理協定に基づき、この四国による分割占領統治下におかれる。同協定によって首都ウィーンもまた四国の管理地区に分割され、市の中心の第一区は四国の共同管理下におかれた。しかし、こうして占領統治体制が構築される前、四月一三日の時点では、オーストリア全土ではなお戦闘が継続していた。解放を得たウィーンでは、ソ連兵による略奪や暴行で、住民のあいだに恐怖が広がる。この混乱した事態を誰が、どのように収拾するのか。

図19　モルツィン広場のゲスターポ本部（図10参照）跡の記念碑

1985年完成．石板には次のように書かれている．「ここにゲスターポの本部があった．オーストリアを信じる者たちにとっては地獄だった．彼らの多くにとって，死の前庭だった．それは，千年王国と同様，廃墟と化した．しかし，オーストリアは再びよみがえった．そして，オーストリアとともに，われらの死者たちは不滅の犠牲者に．」2017年，著者撮影．

オーストリア第一共和国の初代首相であったレンナーは、当時七四歳を越えた高齢であり、数年前からニーダーエスターライヒのグロックニッツに引きこもって、なかば隠居の身であった。そのレンナーをグロックニッツから引き出したのは、従来はソ連側であったとされてきたが、最近の研究によれば、むしろレンナーの側からソ連軍当局への接触がはかられたという[1]。いずれにせよ、戦争中地下に潜った戦前の社会民主党、キリスト教社会党、共産党の政治家たちは、一九四四年末からドイツの敗北をにらんで活動を再開していた。すでに四月一三日のうちに、社会民主党と一九三四年の同党の禁止後に結成された地下組織「革命的社会主義者」とが合同してオーストリア社会党[2]が結成され、四月一七日には、キリスト教社会党の後継としてオーストリア国民党が結成された。

四月二一日にウィーン入りしたレンナーは、社会党、国民党、共産党の指導者たちと協議し、三党連立の臨時政府を設立することで合意をみる。そして早くも四月二七日、三党の代表者の名で一九三八年の合邦の無効と、オーストリア第一共和国一九二〇年憲法の精神に基づく民主的なオーストリア共和国の再建が宣言された。同日樹立された立法と行政の機能を持つ臨時政府は、レンナーを首相とし、社会党のアードルフ・シェルフ(一八九〇―一九六五)、国民党のレオポルト・フィーグル(一九〇二―一九六五)、共産党のヨハン・コプレニヒ(一八九一―一九六八)の三名の無任所大臣がレンナーを補佐した。内務と教育のポストは共産党に、社会政策は社会党に、商工・運輸は国民党に配分される。臨時政府はただちにソ連の承認を得た(3)。

一九四五年の「オーストリア独立宣言」は、一九三八年の合邦の無効の根拠を、合邦は二つの主権国家間の交渉と条約によって決定されたものではなく、「外部からの軍事的脅迫と少数のナチ・ファシストによる反逆的テロルによって無防備の政府首脳に強要され、最終的には、国土の軍事的、戦闘的占領によって無力になったオーストリア国民に強制された(4)」ものであったことに求める。そして宣言は、合邦によってオーストリアが被った政治的、経済的、文化的破壊と戦争による破壊を列挙し、最後に一九四三年のモスクワ宣言を引き合いに出し、オーストリアの独立回復がイギリス、アメリカ、ソ連の同意に基づくものであることを強調した。

ここでオーストリアが依拠したのは、一九四三年一〇月にモスクワに集まった上記三国の外務大臣によって同月三〇日に決議され、一一月一日に公表されたモスクワ宣言の第六付属文書である。すなわち一九四三年一月末のスターリングラード攻防戦でドイツが決定的な敗北を喫し、以後、ソ連が攻勢に転じた戦況の変化を踏まえ、同年一〇月、三国の外務大臣は戦後処理に関して意見調整を行ったが、オーストリアについては第六付属文書で次のように言われた。

連合王国、ソヴィエト連邦、アメリカ合衆国政府は、オーストリアはヒトラーの侵略の犠牲となった最初の自由な国であり、ドイツの支配から解放されなければならないことで合意した。三国政府は一九三八年三月一五日〔ママ〕にドイツによってオーストリアに強要された合邦は無効であると見なした(5)。

第Ⅱ部第一章でも述べたように、合邦は、実際には合邦というよりオーストリアの大ドイツ帝国へ吸収であったが、はたしてそれは一〇〇％「強要」されたものとまで言えるのか。合邦に対する人々の熱狂にはオーストリア・ナチによる演出も含まれ、それゆえ多少割り引いて考えなければならないが、他方で同時代の人々が、ナチ時代をまったくの外国／外国人による占領支配の時代と受け止めていたかといえば、それも疑問である。ドイツとオーストリアは、同じドイツ人の国だからである。

戦前のオーストリア社会民主党は、ドイツがヴァイマル共和国であるかぎりでの合邦推進派であり、彼らにとってナチ・ドイツとの合邦はありえないことだった。しかし、レンナーは、一九三八年四月一〇日の合邦に対する賛否を問う国民投票を前に、『ノイエス・ヴィーナー・タークブラット〔新ウィーン日報〕』が行ったインタヴュー〔四月三日号に掲載〕で、「首相閣下、国民投票に対して閣下のお立場を表明するご用意がおありですか」と聞かれると、それに答えて次のような言い方をした。

私は一九一八年一一月一二日にドイツオーストリアの最初の首相として、国民議会に「ドイツオーストリアはドイツ共和国の一構成要素である」という動議を提出し、ほとんど満場一致の同意を得ました。私はサン・ジェルマン講和会議に派遣された代表団長として、何カ月ものあいだ合邦のために闘いました。しかし、国内の困難と敵による国境の占領が、国民議会と、そして私をも、講和条約の屈辱と条約による合邦禁止に屈するもやむなきにいたらせたのです。けれども私は一九一九年以降も、わが国およびドイツで、無数の書き物や数え切れないほどの集会で、合邦のための闘いを続行しました。私がよしとする方法によってではありませんが、いまや合邦が実現され、合邦は歴史的事実となりました。私は、これは一九一八年と一九一九年の屈辱に対する、サン・ジェルマンとヴェルサイユに対する真の償いであると思います。もし私がドイツ国民の再統合という偉大な歴史的行為を心から歓迎しないならば、私は諸国民の自決権の理論的先駆者としての、またドイツオーストリア国の政治家としての私の過去全体を否定しなければならないことになるでしょう(6)。

すなわち一九三八年のレンナーは、ドイツ人の民族自決という観点から見れば、諸国民の自決権の理論的先駆者である自分は合邦を容認せざるをえない、と述べたのである。ヒトラーとドイツ軍のオーストリア入場を無血で容認した当時の政府要人たちの弁もまた、同じドイツ人同士が血を流し合うべきではないということだった。これに対して、一九四五年四月二七日の臨時政府樹立後、四月三〇日の首相府で行われた大臣および官僚を前にしての挨拶でレンナーは、ドイツ人の民族自決という考えからの決別を宣言する。

一九一八年、一九二〇年およびそれに続く年月で主張された合邦構想は、ヒトラーがもたらしたものとはまったく異なるものでした。かつての構想によれば、オーストリア国民は、ヴァイマル憲法でいうところの連邦国家として、その国家性を保持したまま連邦の一員として全ドイツ民族の共同体に加わるはずだったのであり、最終的にわれわれが併合されたごとき状態においてではありませんでした。わが国はヒトラーによって頭をはねられてしまったのです。〔中略〕われわれが国家の中央本部や文化的諸施設に有していたすべてのものは、有無を言わさず引き払われ、オーストリアはあらゆる独自性を完全に失ってしまいました。最後には、その名の抹消まで企てられました。

そのような合邦は考えられたこともなかったし、自由な国民の代表によって受け入れられるものではありえなかったでしょう。合邦構想は、われわれの過ちによってではなく、というのも、われわれはすべてを誠実に考えていたのですから、われわれによってではなく、相手方の過ちによって最終的に挫折し、葬られたのです。合邦を改竄《かいざん》し、やり損ね、そして最後に永久になきものとしたのはヒトラーなのです。

三列強は、独立したオーストリアの再建に関して合意しており、〔中略〕われわれには、われわれ自身で合邦という構想を断念する以外の道は残されていません。[7]

ここに示されたのは、モスクワ宣言が認めてくれているように、ドイツの犠牲者であるオーストリア人と加害者であるドイツのドイツ人とはきっぱり区別されなければならないという認識であり、オーストリアの戦後補償は、こうしたオーストリア政府の強い意思のもとで進められることになる。

西ドイツの戦後補償

一九四五年に誕生したレンナーの臨時政府は、はじめはソ連の承認を得たのみであったが、同年一〇月二〇日にはアメリカ、イギリス、フランスの西側三連合国もこれを承認した。次いで一一月二五日、レンナー政府によって準備された総選挙が実施され、その結果を得てオーストリア全土に権威を持つ正規の中央政府が成立する。そこでは、有効投票の四九・八％を得て八五議席を獲得した国民党のフィーグルが首相の座につき、四四・六％の得票で七六議席を獲得した社会党のシェルフが副首相の座についた。共産党は五・四％の得票で四議席を獲得したにすぎない。レンナーは一二月二〇日、オーストリア第二共和国の初代大統領に選出された。以後、国民党と社会党の連立は、現在にいたるまでしばしば繰り返されるオーストリアの政権の基本的な枠組みである。しかし、これは、戦前には考えられない政府のあり方だった。

一九三四年二月の社会民主党と共和国防衛同盟による武装蜂起のさい、護国団と警察と軍隊を投入して蜂起を鎮圧し、社会民主党を非合法化したのは、国民党の前身、キリスト教社会党の首相ドルフスである。蜂起に関連してシェルフは、二月一二日から五月一七日まで逮捕、投獄されたのに対し、フィーグルは、一九三四年五月に独裁体制を確立したドルフス政権の一員であった。このように政治的には対立する陣営に属した二人が共有したのは、唯一、ナチによる迫害体験である。一九三八年の合邦後、ダッハウに送られたフィーグルは、そこでかなりの虐待を受け、四三年五月にいったん解放されたものの、地下での政治活動のため四四年一〇月に再び逮捕され、マウトハウゼンの強制収容所に送られる。解放を得たのは一九四五年四月六日だった。シェルフは、一九三八年と四四年の二度にわたり、政治犯として逮捕されている。戦後、旧社会民主党と旧キリスト教社会党のメンバーは、この迫害と抵抗の体験の共有、すなわちナチ・ドイツによる迫害の犠牲者にして抵抗者であることの一点で結びつく。そして、戦前のあらゆる対立や、オーストリアでナチの台頭と合邦を阻止できなかったあらゆる責任を互いに不問に付したまま、両者はオーストリアの再建に乗り出したのだ。

しかし、オーストリアがいかようにみずからの立場を主張しようとも、一九四五年から五五年の国家条約締結にいたるまで、連合国によるオーストリアの扱いは、ナチが仕掛けた戦争の全責任を負う戦後ドイツと同じであった。連合国によって四分割支配されたオーストリアが、占領国政府の監視のもとでまず着手しなければならなかったのは、自国の脱ナチ化(非ナチ化ともいわれる)であり、ナチによる迫害(以下、ナチ迫害と略記)の犠牲者に対する補償である。しかし、とりわけ後者に関して、加害者の立場が明確なドイツと異なり、オーストリアの態度は曖昧であった。

本章では、まずこの第一節「犠牲者援護法と返還法」でオーストリア国内に居住するナチ迫害の犠牲者に対する補償問題を、次の第二節で「国外の犠牲者に対する補償と相続人不在の財産」の問題を取り上げるが、その前に、日本でも比較的よく知られたドイツの場合を見ておきたい(8)。

最初に、この補償で問題となるナチ迫害とは、西ドイツの連邦補償法の規定に従えば、ナチに対する政治的反対を理由とする迫害、または人種、信仰もしくは世界観を理由として執行されたナチの暴力的措置による迫害を意味し、補償の対象となる犠牲者とは、ナチ迫害によって生命、身体、健康、自由、財物、財産上の利益、職業活動または経済活動にかかわる損害を被った者である。ここでの暴力的措置は暴力行為に限られず、強制移住や財物に対する強制力の行使、あるいはユダヤ人業者に対するボイコット等も含み、幅広く解釈されている。終戦当時は、戦没者や戦病傷者のような通常の戦争被害者とは概念の異なるナチ迫害の犠牲者のための補償を定めた法はなく、ナチ迫害によって剝奪された財産の扱いも、通常の民法の規定では対応できなかった。そのため終戦直後のドイツでは、ナチ迫害の犠牲者に対する補償と剝奪財産の返還は、四占領国の指導のもとで、まずは、それぞれの占領国の管轄下にあった州政府の州法によってその扱いが定められた。

その後一九四九年にドイツは、ドイツ連邦共和国（西ドイツ）とドイツ民主共和国（東ドイツ）に分裂したため、アメリカ、イギリス、フランスの西側三国は西ドイツにおける占領状態に終止符を打つべく、一九五二年五月二六日に西ドイツとのあいだで一連の条約からなるボン協定を結んだ。ナチ迫害の犠牲者に対する補償については、西ドイツは、ボン協定のなかの「戦争および占領から生じた問題の処理に関する条約」（ドイツでは通称で移行条約と呼ばれる）において、州法ではなく、連邦レベルでの法の制定を義務づけられる。そのさい、連邦レベルでの補償が州レベルでの補償より内容的に後退するものであってはならなかった。そこで、これに関して西ドイツと「対ドイツ物的損害ユダヤ請求会議」（以下、ユダヤ請求会議と略記）のあいだで協議が行われ、一九五二年九月一〇日、連邦法は一九四九年八月一二日にアメリカ占領下の諸州で公布された「国民社会主義の不法な行為の補償に関する法（補償法）」を基本的に引き継ぎ、それを補完するものになるべきことで合意をみた（第一ハーグ議定書）。

その結果、急ぎ連邦議会で可決された初の補償法が一九五三年九月一八日の連邦補完法である。

しかし、同法は連邦議会での審議が不十分であったため、一九五六年六月二九日、同法を改正した「国民社会主義の迫害の犠牲者のための補償に関する連邦法（連邦補償法）」が成立し、一九五三年一〇月一日に遡って適用されることになった。ドイツの連邦補償法は、この一九五六年の法を出発点とする。同様に剝奪財産の返還に関しても、占領時代の諸州の州法を引き継ぎつつ、一九五七年七月一九日に連邦返還法が制定された。

ドイツと異なり一九四五年のうちに中央政府が樹立されたオーストリアで、西ドイツの連邦補償法および連邦返還法に対応するのは、レンナーの臨時政府によって制定された「自由にして民主的なオーストリアのための闘いの犠牲者に対する援護に関する一九四五年七月一七日の法（犠牲者援護法）[9]」および国民議会によって可決された「自由にして民主的なオーストリアのための闘いの犠牲者および政治的迫害の犠牲者に対する援護に関する一九四七年七月四日の連邦法（犠牲者援護法）[10]」と、一九四六／四七年に可決された一連の返還法である。そのさい、これもドイツとは異なり、オーストリアにおけるナチ迫害の犠牲者に対する「補償」は、当時のオーストリアが抱える独自の事情のもとで開始されることになった。

犠牲者援護法

一九四五年の独立回復宣言が描いた犠牲者オーストリア像は、確かにフィーグルやシェルフなど、オーストリア第二共和国の建国を担った者たちの自画像に違いなかったが、他方で政治家たちを動かしていたのは高度に政治的な判断である。戦後オーストリアがいかなる賠償責任も補償責任も免れるためには、ドイツとオーストリアを引き離し、国際社会に犠牲者オーストリアの立場を認知してもらう必要があった。しかし、オーストリアにとってはありがたくないことに、犠牲者オーストリアがその拠り所を求めた一九四三年一〇月のモスクワ宣言の末尾は、すでに戦後に発生するはずの賠償問題を視野におさめ、次のように結ばれている。

しかしながらオーストリアが忘れてはならないのは、ヒトラーのドイツの側に立って戦争に参加した責任を免れることはできず、最後に行われる清算において、みずからの解放に対するオーストリア自身の貢献が不可避的に考慮されることになるだろうということである。(11)

この一九四三年の時点で求められた「みずからの解放に対するオーストリア自身の貢献」とは、オーストリアのナチ・ドイツからの自力解放の努力を意味していた。そうであれば、終戦直後のオーストリア政府が何よりも必要としたのは、結果的に自力解放はなしえなかったとはいえ、解放努力の存在を証明する抵抗者たちの存在であり、ナチに対する抵抗ゆえに迫害された者たちの存在であった。「自由のための闘争の犠牲者に対するオーストリアの感謝(12)」といわれた一九四五年七月一七日の犠牲者援護法は、当時の政府の姿勢を示している。

すなわちこの法の適用対象は、独立で民主的なオーストリアのために、特にナチの思想と目的に抗して手に武器を持って闘うか、あるいは言葉や行為において身を尽くして闘い、そのために命を落とした者、著しく健康を損ねた者、あるいは政治的理由で少なくとも一年間拘禁されていた者、重大な身体的あるいは精神的苦痛を伴った場合には少なくとも半年間拘禁されていた者、あるいはこの様な者たちの遺族である(第一条第一項および第二項)。さらにこの法によって援護を受けるためには、一九三八年三月一二日現在でオーストリア国籍あるいは国籍請求権を持ち、かつ援護申請の時点で国籍を持ってオーストリア共和国の領域内に正規の住居を有していなければならなかった(第一条第三項)。一九四五年一〇月三一日の同法の施行令[13]を見ると、実際にみずからがこの法の適用対象であることを立証できるのは、ナチと闘った非合法武装組織のメンバーや、戦争中、連合国側にあってオーストリア解放のために闘った武装組織のメンバー、あるいは一九三四年から三八年までの独裁体制時代に、民主主義の再建のため、あるいはナチに抵抗するために闘ったオーストリアの防衛組織や政党のメンバーに限定される。オーストリア国籍を喪失したまま未回復の者や、ナチ迫害の犠牲者であってもオーストリアのために闘わなかった者は、この法が顧みるところではなかった。

もっとも一九四五年の犠牲者援護法は、臨時政府によって公布された暫定法であり、実質的に西ドイツの連邦補償法に対応するのは四七年七月四日に可決された犠牲者援護法である。しかし、ナチ迫害の犠牲者一般がはじめて対象とされたこの援護法において、「オーストリアの感謝」という積極的理由が成り立つ抵抗運動の闘士たちと、たとえば闘わずしてユダヤ人という理由だけで迫害された者たちとで、その扱いは同等ではない。後者のユダヤ人犠牲者に対する援護は、オーストリアの善意によって行われる一種の「施し」だった。というのも一九三八年三月に独立を喪失したオーストリアは、国際法上、ナチ迫害の犠牲者に対し、国家としてはいかなる補償責任も負う立場にはない、というのが政府の見解だったからである。ナチ迫害の犠牲者に対する補償を扱う法が、公文書上は「補償」ではなく、一貫して「援護」という語を使用したのはそのためである。

しかし、政府の見解にもかかわらず、西ドイツと同様、オーストリアにおいてナチ迫害の犠牲者を対象とする特別の「施し」が必要であったのは、オーストリアが、国際的なユダヤ人組織とその背後にいるアメリカ政府から向けられる厳しい目に神経を使わざるをえなかったからだ。一九五〇年一〇月に一九四七年の犠牲者援護法の第五次改正が可決されたのを踏まえ、同法の実践的解説書を出した政府の省参事官エドゥアルト・トマシェクは、オーストリアにおける犠牲者援護法成立の経緯を次のように振り返った。すなわち一九四五年の最初の援護法は、ナチに対する「能動的闘争の犠牲者」のみを対象とし、「政治的迫害の受動的犠牲者」を対象としておらず、この点でヨーロッパの他の文化国家の類似の法と比較して、後者に配慮しないオーストリアの援護法はきわめて不十分であった。「とりわけ反ユダヤ国家呼ばわりされることは、オーストリアの望むところではなかった」がゆえに、一九四七年の新法が作成される必要があった、というのである(14)。

一九四七年の犠牲者援護法は、対象期間をオーストリアにおいて議会制民主主義が停止された一九三三年三月六日から、オーストリアがナチから解放される四五年五月九日までに限り、そのあいだに発生した犠牲者を「自由にして民主的なオーストリアのための闘いの犠牲者」と「政治的迫害の犠牲者」に区別する。前者、すなわちトマシェクのいう「能動的闘争の犠牲者」とは、一九四五年の犠牲者援護法の対象者とほぼ重なり(第一条第一項)、後者、すなわちトマシェクのいう「受動的犠牲者」とは、政治的理由により、あるいは人種的出自(Abstammung)、信仰もしくは民族を理由として、裁判、行政官庁（特に国家警察）の措置、もしくはその下部組織を含むナチ党による権利侵害によって重大なる損害を受けた者をいう。重大なる損害とは、生命の喪失、少なくとも三カ月にわたる自由の剝奪、健康上の損害、一定以上の収入の喪失、一定期間以上の勉学もしくは職業教育課程の停止等を意味する（第一条第二項）。能動的犠牲者であれ、受動的犠牲者であれ、犠牲者が死亡している場合、その犠牲者に生計を依存していた遺族が援護の対象となった（第一条第三項）。さらに犠牲者が同法による援護を受けるためには、国籍条項を満たしていること、すなわち一九三八年三月一三日にオーストリア国籍を持ち、かつ原則的に、同法による援護を申請する時点で国籍を持っていなければならなかった（第一条第四項）[15]。そして、国籍条項を満たし、「自由にして民主的なオーストリアのための闘いの犠牲者」と認定された者ないしその遺族には、州政府の首長より「公的認定証書（Amtsbescheinigung）」が発行され、他方、「政治的迫害の犠牲者」に該当する者ないしその遺族には、同様に「犠牲者証明書（Opferausweis）」が発行されることになる（第四条）。

しかし、犠牲者援護法の施行段階で現実に前者の公的認定証書を手にすることができたのは、一九四五年の援護法の場合と同様、明白な能動性を証明できる対ナチ抵抗組織等のメンバーに限られた。これに対して、「政治的迫害の犠牲者」と、いわゆる能動的犠牲者であっても受けた損害が軽度な者が手にしたのは、後者の犠牲者証明書のみである。しかも、その差は大きい。公的認定証書あるいは犠牲者証明書を持つ者は、ともに年金保険や傷害保険での優遇措置、就職での優遇措置、住居の優先的割り当てなど、戦後の生活を再建する上でいくつかの優遇措置を受けることができたが、生活に困窮する犠牲者が最も望んだのは、現金すなわち生活保護費の給付であった。しかし、給付が受けられたのは公的認定証書を持つ者に限られたのである。とりわけ強制収容所からの生還者たちは、しばしば家族も戦前の生活基盤もすべて失った上、収容所での虐待で身体も精神もぼろぼろになっていた。しかし、彼らは受動的犠牲者であり、にわかには生計の目処がたたない彼らが手にしたのは、彼らのあいだで紙切れ同然といわれた犠牲者証明書でしかない。ユダヤ人犠牲者の生活を助けたのは、ジョイントやユダヤ機関[16]であった。

返還法

ナチによる剝奪財産の返還については、一九四六年に「連邦あるいは連邦州の管理下におかれた剝奪財産の返還に関する一九四六年七月二六日の連邦法（第一返還法[17]）」が、次いで四七年に「オーストリア共和国所有の剝奪財産の返還に関する一九四七年二月六日の連邦法（第二返還法[18]）」および「財産剝奪の無効に関する一九四七年二月六日の連邦法（第三返還法[19]）」が可決された。法のタイトルが示す通り、第一返還法と第二返還法は、国家管理あるいは国家所有となっている剝奪財産の返還を扱い、第三返還法は、おもに個人所有となっている剝奪財産の返還について定めている。このうち最も処理が難航したのは、第三返還法が扱うケース、すなわちアリズールとナチ迫害の犠牲者が直接対決することになったケースである。

そのさい第三返還法の最大の問題点は、たとえばユダヤ人所有の店舗のアーリア化にさいして、アリズールからユダヤ人犠牲者に対して店舗の買い取り代金が支払われていた場合、店舗を取り戻すにあたって犠牲者は、支払われた代金のうちから「その処分が彼の自由にゆだねられた額」（その上限は支払われた代金の額）をアリズールに返さなければならなかったことである（第五条および第六条）。そもそもアーリア化にさいしてアリズールから支払われた代金は、直接ユダヤ人犠牲者の手に渡ったわけではない。代金はすべて封鎖口座に払い込まれ、犠牲者がこの口座から引き出すことができたのは、毎月のわずかな生活費のみである。さらにこの口座からは、第Ⅱ部第一章で述べたようにユダヤ人財産税が引かれ、移住のさいには帝国出国税が引かれるといった具合に、ユダヤ人のみに課せられた差別税が引き落とされた上、ユダヤ人が移住先に持ち出すことを許された金額はごく限られていた。その上で封鎖口座に残った金額は、国家が没収したのである。このような状況のもとで「その処分が彼の自由にゆだねられた額」とは、何を意味するのか。

いずれにせよ第三返還法は、犠牲者に対して剝奪された財産を金を払って買い戻すことを求めており、このことはアリズールの側に有利に働いた。というのも強制収容所から生還したユダヤ人や、亡命先から帰国したユダヤ人がまとまった資金を持っていたわけではないからである。オーストリアは、国家としてナチ迫害に責任を負う義務はないとの立場を貫き、アーリア化の犠牲者に対して国家からの資金の融通等の措置はとられなかった。そのため買い戻し金を用意できない者は、自力でクレジットを組むか、あるいは、取り戻す権利のある財産を足元を見られた金額で売りに出すしかなく、結局それをもとのアリズールが今度は合法的に買い取るという、冗談にもならない事態が生じたのである。また、剝奪した財産をアリズールが正当な相場と手続きを踏んで他人に転売していた場合、誰に、いくらで、どのように返還を請求できるのか、容易に決着がつかなかった。そして時間がかかればかかるほど、剝奪財産の返還は、ナチ迫害の犠牲者の生活再建には役立たなかった。

さらに、ついに返還法によっては解決されず、ナチ迫害の犠牲者たちを深く傷つけることになったのが、粗野なアーリア化が横行した住居の返還問題であった。一九四六年七月七日に実施された戦後初のゲマインデ選挙で正式に初代会長に選出されたダーフィト・ブリル(在任一九四六―一九四八)は、おもに亡命ユダヤ人を読者とするニューヨークの週刊新聞『アウフバウ(再建)』の同年七月一二日号で、「オーストリアのユダヤ人は権利を求める」と題し、次のように嘆く。

考えてもみてほしい。一九三八年のウィーンには一八万五〇〇〇人のユダヤ人がおり、六万以上の住居がユダヤ人のものだった。現在ウィーンにいるユダヤ人は五〇〇〇人で、この**五〇〇〇人のためにわれわれが必要としている住居はせいぜい一〇〇〇戸にすぎない**。われわれは、ウィーンで、もとのわれわれの住居のほんの一部だけを要求しているのであって、これが控えめな要求でなくて何であろうか[20]。

第三返還法は、かつての借家人の権利の回復については明確に規定していない。政府は、住むところのないユダヤ人に対して元ナチ党員に住居を明け渡させ、ユダヤ教徒のゲマインデの度重なる要請に応じて、強制収容所や亡命先から帰還した者たちの一時滞在所としてホテルを開放するなどの措置をとったが、それ以上、住居の返還問題に深入りすることには及び腰であった。というのも政府には、ブリルのいう一〇〇〇戸の住居から追い出された「アーリア人」に対して別の住居を手当てできる見通しはなかったからである。結局、ウィーンに帰還したユダヤ人たちは、かつて自分たちが追い出さ

図20　ウィーン第1区，ユダヤ広場のホロコースト記念碑
2000年完成．2009年，著者撮影．

れた家にアリズールが住み続けているのを見せつけられながら、ゲマインデやユダヤ人の援助団体が用意した簡易宿泊施設に長期にわたって住むことを余儀なくされた。

終戦直後は、戦傷病者も戦争遺族も、とにかく国民全体が満足な住居もなく飢えに苦しんでいた。その当時の犠牲者援護法や政府の取り組みを取り上げ、援護の貧しさをもってオーストリアを批判するのは不当であろう。事実、犠牲者援護法は、戦後のオーストリア社会が落ち着きを取り戻し、経済復興が進むのと並行して改正が重ねられ、その適用対象が拡大されると同時に、援護内容の充実もはかられた。しかし、ことは金だけの問題だったのだろうか。

敗戦は、ナチ迫害の犠牲者にとっては解放であったが、多くのオーストリア国民の感じ方は違っていた。彼らは瓦礫の山と化したウィーンを目《ま》の当たりにし、オーストリア人がドイツ国防軍の一員であったことを忘れて、自分たちはナチ・ドイツという他人の戦争の犠牲者であるという意識を強めた。それどころか、かつてナチ党員として小さな利得を享受した者たちまでが、戦後の脱ナチ化法で職場を追われ、剥奪財産の返還を迫られると、今度は、自分たちも犠牲者だと名乗りはじめたのである。同じく『アウフバウ』の一九四七年三月二一日号に掲載された「オーストリアは飢え、凍え、待っている」と題するエッセイは、オーストリア人は、なぜ自分たちがこのような惨めな状況に立ちいたったのかわかっていないとして、当時のオーストリア社会の雰囲気を次のように伝えている。

彼らは、本気で自分たちはナチズムの最初の犠牲者だと考えている。彼らは、合邦のとき、オーストリア人の大部分がドイツ人を大歓迎したことを本当に忘れてしまったのだ。もはや彼らは、ドイツよりも古く、一時はドイツよりも強力なオーストリア・ナチズムが存在したこと、またオーストリア国民がナチ支配に抵抗して行ったことは、ドイツ国民がしたことと同程度でしかなかったということを知りもしない。
今日、彼らにそれらすべてのことを思い出させることに意味があるだろうか。ないに違いない。というのも第一に、彼らは理解せず、認めようとしないだろうし、第二に、現在の空腹と寒さを不当な運命と見なさず、罪に対する罰だと感じれば、それで苦痛が和らぐというわけではないからだ。(21)

このような状況下では、ナチ迫害の犠牲者に対してオーストリア国民はしばしば加害者でもあった、という自覚は生まれようもなかった。その後のナチ迫害の犠牲者に対する援護の拡充にもかかわらず、オーストリアがなぜナチ迫害の犠牲者に対して援護——実質的には補償——を行わなければならないのか、その必然性の認識は曖昧にされたままであった。

二　国外の犠牲者と相続人不在の財産

対オーストリア・ユダヤ請求会議

戦後オーストリアのユダヤ人には、アメリカやイスラエルなど他国へ移住する者もいれば、逆に戦争中の移住先あるいは亡命先から帰国した者もおり、その帰国者たちの一部は、帰国後、再び他国へと移住していった。合邦以前は、ユダヤ教徒は法律によって居住地のゲマインデに所属することを義務づけられ、ゲマインデが、出生、死亡、改宗その他に伴う信徒数の推移を統計的に把握していた。しかし、戦後はゲマインデに所属する義務がなくなり、ユダヤ人の人口的把握はきわめて困難になる。一九五五年に発行されたウィーンのゲマインデの活動報告書によれば、一九五四年一二月三一日現在でゲマインデに登録されているユダヤ人は、オーストリア国籍を持つ者とそうでない者を合わせて九一二三人である(22)。この数字には、ニーダーエスターライヒおよびブルゲンラント北部のユダヤ人も含まれている。その他、ウィーン以外のグラーツ、インスブルック、リンツ、ザルツブルクのゲマインデが把握しているユダヤ人は、一九五四年一〇月でわずか八四七人にすぎない(23)。これ以外にも、オーストリアにはゲマインデが把握していないユダヤ人が少なからずいたであろうが、それを合わせても、戦前のユダヤ人人口に遠くおよばないことだけは確かである。一九三八年三月の合邦後、オーストリアから出国したユダヤ人のほとんどは、戦後、もはや戻ってこなかった(24)。

彼らはオーストリアを去るとき、持てる財産のほとんどを残し、それまで積み立ててきた年金保険のすべて、築き上げたキャリアのすべてを失い、言葉もままならぬ異国で援助団体の支援に頼りつつ、一から生活をやり直さなければならなかった。そして、それが軌道に乗ったとしても、必ずしも以前の生活水準や社会的地位を回復できたわけではない。年齢が高ければ高いほど、移住先の社会に適応することすら困難だった。彼らの多くはオーストリアを去るときにオーストリア国籍を失い、そのまま無国籍に留まるか、ある時点で移住先の国籍を取得した者も多い。オーストリアの犠牲者援護法は国籍条項を設けており、そのため法の対象外に放置されたこれらの者たちに対する補償はどうなるのか[25]。

犠牲者援護法が称えた対ナチ抵抗運動の英雄には、少なからぬ共産主義者が含まれていた。そのため第二次世界大戦後、冷戦体制の輪郭が明らかになるにつれ、彼ら英雄に対する人々の目も醒めていったが、国外に逃れたユダヤ人に対するオーストリア国民の目は、別の意味で冷淡だった。飢えに苦しみ、空爆に怯え、敗戦の衝撃に打ちのめされたオーストリア国民は、彼らが事実上追放された者たちだったことを忘れた。戦争中、彼ら移住者は外国でよい暮らしをしていたではないか、貧しいオーストリアが、なぜ豊かなアメリカに暮らす彼らに金をやらなければならないのか、というのである。しかも戦後オーストリアのユダヤ人人口を見れば、犠牲者援護法の対象となるユダヤ人の数は高が知れているが、国外のナチ迫害の犠牲者の数は、その数倍にのぼる。オーストリアの財政を考えれば、彼らに対して迂闊に援護の約束をすることなどできなかった。

しかし、戦後オーストリアが、国家としていかに犠牲者の立場を主張しようと、ナチ迫害に関して、国際的ユダヤ人団体はオーストリアをナチ・ドイツの共犯者と見なしていた。彼らはオーストリアに、オーストリアから追放されたユダヤ人が被った損害に対する補償を要求すると同時に、相続人不在のユダヤ人財産の返還を要求した。

ナチ迫害におけるユダヤ人犠牲者の特徴は、他の犠牲者と異なり、ホロコーストによってしばしば一族が一人残らず死滅したことにあった。ヨーロッパ諸国の法律によれば、相続人不在の財産はその財産が存在している国家の国庫に入る。しかし、死滅したユダヤ人一族の財産が、その殺害に直接あるいは間接的にかかわった国家に帰属することは、ユダヤ人にとって道義的に容認しがたい。相続人不在の財産の問題は、すでに戦争中からアメリカ、イギリス等のユダヤ人団体によって認識されており、戦後ドイツの西側占領地域では、事実、相続人不在のユダヤ人財産の国庫帰属が停止された。そして、死亡した財産所有者にかわって財産の返還を請求し、返還された財産を管理する組織として、ドイツのアメリカ占領地区では一九四八年六月に「ユダヤ人返還継承組織」が、イギリス占領地区では五〇年八月に「ユダヤ信託法人」が、フランス占領地区では五二年三月に「ユダヤ信託法人フランス部門」が認可された。これら諸組織は、相続人不在のユダヤ人財産を調査し、その返還を請求し、財産の返還後はそれらを売却して現金化し、収益は、ジョイントやユダヤ機関等、ホロコースト生存者の援助団体に分配された[26]。

移住したユダヤ人を含むナチ迫害のユダヤ人犠牲者に対する補償交渉は、西ドイツについては一九五一年に設立された国際組織であるユダヤ請求会議があたったが、オーストリアに対しては、五二年、ニューヨークに本部をおく「対オーストリア・ユダヤ請求委員会」(以下、対オーストリア請求委員会と略記)が設立された。委員会は、上記のユダヤ請求会議にも参加する国際的ユダヤ人団体とオーストリアから移住したユダヤ人の組織とが、オーストリア政府との交渉を効果的に進めるために合同して成立したものである。他方、オーストリア国内では、一九五三年四月一二日に各地のユダヤ教徒のゲマインデを束ねる組織として、「オーストリア・ユダヤ教徒ゲマインデ連合(Bundesverband der Israelitischen Kultusgemeinden Österreichs)」が設立された。こうして国内外の体制が整ったところで、対オーストリア請求委員会は、一九五三年六月、オーストリア政府と直接交渉にあたる執行委員会を立ち上げ、両者の交渉が開始されることになる。執行委員会の議長職に就いたのは、ユダヤ請求会議を率いるナフム・ゴルトマン(一八九五―一九八二)である。交渉の要点は、①ナチ迫害の犠牲者に対する補償において、オーストリアから追放されたユダヤ人に対する差別的な扱いをやめること、②個人が受けた財産上の損失に対して補償を行うこと、③相続人不在の財産の返還、におかれた。

しかし、執行委員会の委員の一人であったグスタフ・イェリネク(一八八五―一九八五)の回顧録[27]を見ると、以後一九六一年まで中断をはさみつつ延々と続いた交渉で、ユダヤ人にとって、オーストリア政府の態度は誠実とは言いかねるものであった。というのも政府は、対オーストリア請求委員会の背後にいるアメリカ政府の顔色をうかがい、執行委員会に対して交渉のたびに前向きな対処を約束しながら、それを実現することなく交渉を引き延ばせるだけ引き延ばした。そこには、第一にオーストリアの財政難があったことは否めないものの、ユダヤ人に対する補償に先立って着々と進められたのが、いわゆる元ナチに対する恩赦だったのである。

オーストリアの脱ナチ化

オーストリアにおける脱ナチ化は、一九四五年四月二七日の独立回復宣言と同日に公表された政府声明で実施が明言され、その後ただちにレンナー政府によって最初の脱ナチ化法「国民社会主義ドイツ労働者党の禁止に関する一九四五年五月八日の基本法(Verfassungsgesetz)」[28](通称、禁止法)が公布された。同法は第一条で、組織としてのナチ党およびその下部組織あるいは関連組織の解体と再結成を禁止し、第二条で、オーストリア国内に正規に居住している者、あるいは継続的に滞在している者で、一九三三年七月一日から四五年四月二七日までのあいだ、上記の党あるいは諸組織にかかわった者に対して届け出を義務づけている。しかし、すでに述べたように、当時のレンナーの臨時政府の権威が承認されたのは、ウィーンを含むソ連の占領地域のみであった。禁止法がオーストリア全土で効力を持つのは、一九四五年一一月二五日の初の国会議員選挙後、四六年二月五日からである[29]。そして一九四六年九月一五日の報告書によれば、禁止法に基づいて届け出た元ナチは、五三万六六六二人にのぼった[30]。

一九四五年の禁止法で可罰とされた行為に対する判決は、オーストリアの通常の法廷ではなく、国民法廷[31]と称された特別法廷にゆだねられた(第二四条)。しかし、これら元ナチに対する処分の決定は遅々として捗らなかった。というのも禁止法は第六条に例外規定を設け、ナチの諸組織に所属した者であっても、たとえばそのことを「悪用」しなかった者に対して処罰を免れる可能性を認めていた(第二七条)。そのため届け出リストに登録された元ナチの実に八五%から九〇%にのぼる者たちが、この「悪用」という幅広い解釈の余地を残した例外規定の適用を求めて奔走し[32]、禁止法の執行を麻痺状態に追い込んだのである。

そのためオーストリア政府は、元ナチの行為を個人別に審査する方式をやめ、ナチ体制においてそれぞれの組織や組織内の地位がはたした機能の重要性を勘案しながら、それに属した者たちをランク付けし、集団的に審査する方式に切り替える。そして、元ナチを大きく「ナチへの関与が重度の者」と「ナチへの関与が軽度の者」に二分し、後者については、早急に社会復帰をはかることにした。しかし、元ナチ問題の穏便解決をめざす政府の脱ナチ化法案は、一九四六年七月の国民議会で可決されたものの、オーストリアを監督する立場にあった四連合国の連合国評議会は、法案の承認を拒否する。連合国評議会は、元ナチとして届け出義務を負う者の範囲の拡大と、届け出を免除される者の範囲の縮小、刑の執行を免除される者の範囲の縮小、「ナチへの関与が軽度の者」に対する量刑を重くするなど、元ナチに対してオーストリア政府より厳しい処罰を求め、五〇カ所の変更を施して法案を国民議会に差し戻した。連合国に脱ナチ化の徹底が認められなければ、オーストリアの占領状態の終結はありえず、国民議会には、連合国案を受け入れる以外の選択肢はなかった。その結果成立したのが、「国民社会主義者の取り扱いに関する一九四七年二月六日の連邦基本法(国民社会主義者法)[33]」(通称、脱ナチ化法)である。

一九四七年の脱ナチ化法は、オーストリアの巷では、「誰も望まぬ法」あるいは「連合国に押しつけられた法」と言われた。ザルツブルクで、ヘルベルト・クラウス(一九一一―二〇〇八)を中心に元ナチたちが創刊した雑誌『報告と情報』の一九四七年一〇月一〇日号は、当誌による調査として次のような数字を掲げる。すなわち、この法の廃止を求めている人々が四七・七%、部分的改正を求めている人々が四一%おり、元ナチたちに対して厳格な処罰を求めている人々は九・二%しかおらず、八五・三%の人々は、元ナチを社会に受け入れることを望んでいるというのである。[34] 実際、脱ナチ化法は、執行の過程でなし崩し的に無力化された。

国民法廷でも、元ナチに対して厳しい判決が下ったのは一九四七年までである。一九四八年四月一日現在、総人口七〇五万七一四〇人のオーストリアで、元ナチとして登録された者は五三万五三五人(七・五%)にのぼる。これだけの者たちがいつまでも不完全な市民権しか認められない二級国民の地位にあることは、国家にとって憂慮すべき問題だったからである。オーストリア国民議会は、一九四八年四月二一日、元ナチのうち、ナチへの関与が軽度と分類された四八万七〇六七人を対象とする恩赦を可決、四連合国も、ナチへの関与が重度と分類された四万三四六八人に対する厳格な処分の早期実施を条件として、これを了承した。[35] これによって一九四九年の国民議会選挙では、大量の元ナチが選挙権を回復することになった。

選挙に向けてクラウスは、元ナチや、そのほか社会党と国民党に指導される戦後オーストリアの政治に不満を持つ者たちを集め、自分たちの利害を代表する政党として「独立者連合」を結成した。[36] 一九五二年には、重度の関与者に対する恩赦も実現する。[37] そして、ユダヤ人にとっては苦々しいことに、オーストリア政府が対オーストリア請求委員会との交渉を引き延ばしていたあいだに市民権を回復した元ナチたちは、政府に対し、彼らが受けた年金請求権の停止や家屋の剥奪等の処罰に対する過酷緩和措置を要求し、事実、要求を実現させていったのである。元ナチから取り上げられ、ユダヤ人に明け渡された住居は、しばしばアーリア化された住居だったが、こうした明け渡しという「過酷な」処罰を緩和するための「補償」が実施され、また、元ナチの年金受給が回復されてみれば、特に軽度の元ナチたちにとって、脱ナチ化措置の影響は、結局、いかほどでもなかった。ナチ迫害の犠牲者たちの破壊された人生は、いくら補償金を積まれても元には戻らない。しかし、移住したユダヤ人から突きつけられた補償要求に対してオーストリアの世論が反発する現状で、オーストリアの選挙においてユダヤ人票はまったく影響力を持ちえず、他方で元ナチの票の行方は、その人数の多さから無視しえないものがあった。

援助基金と集積所

ようやくオーストリア政府が重い腰を上げ、対オーストリア請求委員会との交渉に臨んだ結果、犠牲者援護法の適用対象とならない移住者に対し、「外国に定住している政治的被迫害者の援助のための基金」の設立が決定されたのは、一九五六年一月一八日である。[38] 基金の規模は五億五〇〇〇万シリングで、援助の受給資格を持つのは、一九三八年三月一三日現在でオーストリア国籍を持つか、それ以前に少なくとも一〇年にわたってオーストリアに定住していた者で、一九五七年六月一一日までに申請を行った者である。申請を認められた者には、迫害あるいは被害の程度に応じて五〇〇〇シリングから三万シリングのあいだで一回限りの援助金が支払われた。基金は、約三万人の申請者に対して一九六二年までに支払いを完了している。

他方、オーストリア政府が対オーストリア請求委員会の要求の②と③、すなわち②個人が受けた財産上の損失に対する補償と③相続人不在の財産の返還の実現に本腰を入れるのは、一九五五年五月一五日に、ソ連、イギリス、アメリカ、フランスの四国とオーストリアのあいだで調印された「独立の民主的オーストリアの再建に関する国家条約[39]」によって、それを義務づけられてからである。

オーストリアの国家主権を回復するこの条約の締結交渉において、ソ連は、一九四三年のモスクワ宣言の最後に記されたように、オーストリアがナチ・ドイツの一部として戦争に参加したことから発生する「責任」を負うべきことを主張し、条約前文にそれを明記するよう求めた。しかし、ソ連は最終段階でこの主張を取り下げ、条約は、交戦国間で交わされる平和条約ではなく、国家条約として締結される。条約から「責任」の文言が落とされたことにより、オーストリア政府が一貫して主張してきた犠牲者の立場が国際的承認を得たことは、戦後オーストリアにおいて、オーストリア外交の成果と評価された。

しかし、だからといってオーストリアの立場がドイツに軍事占領された諸国と同等ではないことも明らかであろう。国家条約は、第二三条第三項において、オーストリアは、一九三八年三月一三日より以前に発生した請求権や取得された権利を除き、一九四五年五月八日において未払いのドイツおよびドイツ国民に対するすべての請求権を放棄するものとしている。またナチ迫害の犠牲者に対して、第二六条第一項は、所有者の人種あるいは宗教を理由として剝奪あるいは侵害された財産、権利、利益等に対して、返還、再建あるいは両者が不可能な場合には損害賠償を行うことを求めており、第二項は、人種、宗教、その他のナチのイデオロギーに基づいて剝奪ないし侵害された個人、組織、共同体の財産、権利、利益等で相続人が不在のものについては、それらがナチ迫害の犠牲者に対する援助あるいは補償の費用として使用されるよう、オーストリアが、そのための組織を設立することを求めていた。ところがオーストリアは、第二三条第三項の存在にもかかわらず、第二六条の実現にさいして、自国ではなく、西ドイツにその財源を求めたのだ。

戦後オーストリアが、みずからに責任のある損害の賠償を行うために、西ドイツから取れるだけの金を取った条約、それがクロイツナハ条約である。その調印の経緯は、以下のようであった。

西ドイツとオーストリアの関係について、西ドイツは、国際的ユダヤ人団体と同様、オーストリアはナチ迫害に関してナチ・ドイツと共犯関係にあったと見なしており、したがって、オーストリアのナチ迫害の犠牲者に対する補償はオーストリア独自の責任という見解をとっていた。西ドイツ政府は、先に述べたオーストリアの一九五五年の国家条約の第二三条によって、オーストリアはドイツに対する損害賠償請求権も連邦補償法による補償の請求権も放棄したものと解釈し、西ドイツの連邦補償法は、一九三八年にドイツに合邦されたオーストリアの国民を法の適用対象に含んでいない。連邦補償法による補償の受給資格を持つのは、原則的に、一九五二年一二月三一日現在で連邦補償法の適用地域内に住所または居所をおいているか、一九五二年一二月三〇日以前に国外に出た者については、その最後の住所または居所が一九三七年一二月三一日当時のドイツ帝国の領内にあった者である。

さらに西ドイツは、上記の連邦補償法の属地主義原則によって補償を受けることができないナチ迫害の犠牲者のために、一九五二年九月一〇日、イスラエルとのあいだにルクセンブルク協定を、また同日、ユダヤ請求会議とのあいだで第二ハーグ議定書を交わしたほか、一九五九年から六一年にかけて、ルクセンブルクなど一一カ国と一括補償協定を結んだ。しかし、西ドイツの見解によれば当然ながら、オーストリアはこのような補償協定の対象とは見なされていなかった。

ところがオーストリア政府の一九五五年の国家条約の条文解釈は、西ドイツとは異なるものであった。すなわちオーストリアは西ドイツに対し、一一カ国の「外国」に対して実施されたのと同様の補償協定の締結を求めたのである。そして、結局、西ドイツがオーストリアの要求をのむ形で調印されたのが、通例、両国に交渉の場を提供した街の名を冠して呼ばれる一九六一年一一月二七日のクロイツナハ条約、正式名称「移住者、被迫害者の損害の調整、その他の財政上の問題ならびに社会的領域から発生する問題に関するオーストリア共和国とドイツ連邦共和国間の条約[40]」である。

話を一九五五年の国家条約の第二六条に戻せば、まず第二項でいわれた相続人不在の財産については、オーストリアは一九五七年三月一三日、集積所（Sammelstelle）AとBの設立を決定する。集積所といっても場所ではなく、失われた相続人あるいは財産の返還請求権者にかわり、剝奪された財産の返還請求と回収を行う法人格である。集積所Aは、一九三七年一二月三一日現在でユダヤ教徒のゲマインデに所属していた者たちを代表し、集積所Bは、同時点で上記のゲマインデに所属していない者たちを代表する。たとえばキリスト教に改宗していたユダヤ人はBの対象となった。集積所は、集積所に返還された不動産あるいは動産等の財産を速やかに売却し、一九六七年一二月三一日時点で約三億二〇〇〇万シリングを作り出した。この金額は、一九六二年四月五日の法によって集積所AとBに八対二の割合で分配され、それぞれナチ迫害の犠牲者個人への援助や、ユダヤ人共同の社会福祉に使用された。

この集積所に関連して西ドイツとオーストリアのあいだで問題となったのが、オーストリアで剝奪され、ドイツへと持ち去られた相続人不在の財産の扱いである。西ドイツは、はじめ、このような財産に対する損害賠償を拒んだが、結局クロイツナハ条約の第一三条で、西ドイツがオーストリアに対し、一括して六〇〇万マルクを支払うことで決着した。

これに対して、国家条約第二六条第一項の損害賠償の実現にあたっては、オーストリアでは、クロイツナハ条約交渉のはじめから西ドイツによる分担金の支払いが期待されていた。オーストリアは、一九三八年三月一三日から四五年五月八日のあいだに、オーストリアの犠牲者援護法でいうところの「政治的迫害の犠牲者」が、銀行預金、有価証券、現金等で受けた損失を補償するため、一九六一年三月二二日に補償基金法を可決し、基金のために六〇〇万米ドル（一億五五二二万シリング）を用意したが、実際、この法は、クロイツナハ条約の調印を待ってはじめて発効した。すなわちクロイツナハ条約の第一二条において西ドイツは、オーストリア政府に対し、犠牲者援護法の第一二次改正によって発生する費用ならびに上記の補償基金にかかる費用と、先に述べた一九五六年の「外国に定住している政治的被迫害者の援助のための基金」に続く新基金の設立にかかる費用を補うため、総額九五〇〇万マルクを支払うことを約束したのである。

新基金は、オーストリア国外にいる政治的被迫害者が被った職業上の損害、あるいは職業教育、職業訓練等の中断によって生じた損失に対する補償を目的とする。オーストリア国内の犠牲者に対する同種の補償には、一九六一年三月二二日の犠牲者援護法の第一二次改正が対応し、またこの改正によって援護の対象者は、ゲットーその他に収容された者や、ユダヤの星の徴をつけることを強制された者にも拡大された。相続人不在の剝奪財産問題の解決、一九六一年の補償基金法、オーストリア国外にいる犠牲者に対する新旧二つの援助基金の設立、犠牲者援護法の第一二次改正、これらによって、ユダヤ人犠牲者たちが要求し続けた補償は、補償項目の点ではほぼ満たされることになったが[41]、繰り返しいえば、これらを実現するため、「ナチ・ドイツの犠牲者」オーストリアは、西ドイツから取れるだけの金を取ったのだった。

(1) 旧ソ連の文書館史料に基づく最近の研究によれば、当初、ソ連側では、戦争中モスクワに亡命していたコプレニヒやフィッシャーら共産党の指導者を中心に、オーストリアに親ソ連体制を構築することが考えられていたが、社会民主党のレンナーの方からグロックニッツのソ連軍当局への接触がはかられ、オーストリア再建に尽力する意思が示されたという。そのさいソ連にとって非共産主義者のレンナーは、西側連合国に対しても、オーストリア国民に対しても、不信感を呼び起こすことなくすべての民主主義勢力の協力を可能にする上で適任と考えられたようだ。詳しくは、水野、前掲書（第Ⅲ部「はじめに」注(9)）、四二頁以下および五九頁の注(15)を参照。

(2) 一九九一年にオーストリア社会民主党と改名された。

(3) オーストリア第二共和国成立の経緯については、矢田俊隆『オーストリア現代史の教訓』（刀水書房、一九九五年）の第六章第二節以下に詳しい。

(4) *Staatsgesetzblatt für die Republik Österreich*（以下 SGBl. と略記）, Jg. 1945, Nr. 1.

(5) Gerald Stourzh, *Geschichte des Staatsvertrages 1945–1955. Österreichs Weg zur Neutralität*, Graz/Wien/Köln 1985, Dokumententeil, S. 214. 合邦の成立は、正しくは一九三八年三月一三日である。

(6) *„Anschluß"* 1938, S. 467, Dokument 27.

(7) Robert Knight（Hg.）, *„Ich bin dafür, die Sache in die Länge zu ziehen." Die Wortprotokolle der österreichischen Bundesregierung von 1945 bis 1952 über die Entschädigung der Juden*, Wien/Köln/Weimar 2000, S. 57.

(8) 西ドイツの戦後補償については、山田敏之「ドイツの補償制度」(国会図書館調査立法考査局『外国の立法』第三四巻、三・四合併号、一九九六年)およびライナー・ホフマン「戦争被害者に対する補償——一九四九年以降のドイツの実行と現在の展開」(山手治之訳『立命館法学』三〇六号、二〇〇六年)を参考にした。
(9) SGBl., Jg. 1945, Nr. 90.
(10) *Bundesgesetzblatt für die Republik Österreich* (以下 BGBl. と略記), Jg. 1947, Nr. 183.
(11) Stourzh, a. a. O., S. 214. 一九四五年四月二七日のオーストリア独立宣言は、五月七日のドイツ降伏前、すなわち厳密にはなお戦争継続中に公表された。それゆえ独立宣言は、モスクワ宣言の最後の一文の「みずからの解放に対するオーストリア自身の貢献」に関連して、次のように述べている。「設立されるべき政府は、オーストリアの解放に可能なかぎり貢献するため、遅滞なく措置を講ずるであろう。しかし、わが国民の消耗とわが国土の窮乏化に鑑みて、遺憾ながらこの貢献は慎ましいものでしかありえないことを確認しておく必要があると思われる」(SGBl., Jg. 1945, Nr. 1.)。
(12) 政府の機関紙『新オーストリア』一九四五年七月一八日号の表現。Bailer, a. a. O., S. 24f.
(13) BGBl., Jg. 1946, Nr. 34.
(14) Eduard Tomaschek, *Das Opferfürsorgegesetz*, Wien 1950, S. 1.
(15) ただし一九四五年四月二七日以降にはじめてオーストリア国籍を取得した者であっても、三八年三月一三日以前に一〇年以上にわたってオーストリアに正規の住居を持っていた者は、三八年三月一三日時点で国籍を取得する資格が発生しているため、国籍条項が満たされる。
(16) ユダヤ機関は、はじめシオニスト世界機構の一組織として一九二一年に設立されたが、二九年より非シオニストも加わり、組織が拡大された。イスラエルの建国以前、国際連盟および国際連合に対してパレスティナに住むユダヤ人の利益を代表した。
(17) BGBl., Jg. 1946, Nr. 156.
(18) BGBl., Jg. 1947, Nr. 53.

(19) BGBl., Jg. 1947, Nr. 54.

(20) David Brill, Oesterreichs Juden verlangen ihr Recht, in: *Aufbau*, Vol. 12, Nr. 28, 12. Juli 1946, S. 21. 太字は、原文ではイタリックで強調されている。

(21) Wolfgang Bretholz, Oesterreich hungert, friert und wartet, in : *Aufbau*, Vol. 13, Nr. 12, 21. März 1947, S. 4.

(22) *Die Tätigkeit der Israelitischen Kultusgemeinde Wien in den Jahren 1952 bis 1954*, S. 90.

(23) *ISKULT Presse Nachrichten*, Nr. 20, 29. Oktober 1954, Blatt 9. 以上の数字には、オーストリアのＤＰキャンプにいるユダヤ人は含まれていない。

(24) 移住者のすべてがホロコーストを生き延びたわけではない。第二次世界大戦開戦後、ドイツに占領された国に移住していたユダヤ人は、そのほとんどがホロコーストの犠牲になった。第Ⅱ部の「はじめに」で述べたように、フランスに移住したジョージ・クレアの両親もその例である。戦後オーストリアに帰国したユダヤ人については、再び他国に移住した者もおり、ユダヤ人の出入りを明らかにするのはきわめて困難である。みずから帰還者の一人である社会学者のフリーデリケ・ヴィルダー＝オクラデク（一九二一—）は、統計上のあらゆる不備を勘案した上で、一九三八年三月から四一年一一月までにオーストリアから他国に移住したユダヤ人は一二万六五〇〇人、そのうち一九六七年時点でオーストリアに帰国した者は六％強ではないかと推定している(F. Wilder-Okladek, *The Return Movement of Jews to Austria after the Second World War*, The Hague 1969, p. 34, 39, 111.)。

(25) 移住後オーストリア国籍を喪失して外国籍となった者は、オーストリアに帰国しても国籍条項を満たさないため、犠牲者援護法の対象にはならない。もとのオーストリア国籍の回復には手続き上さまざまな障害があり、戦後長いあいだ国籍回復は、自明の権利と認められたわけではなかった。ユダヤ人、アルベルト・シュテルンフェルトの体験を参照。Albert Sternfeld, *Betrifft: Österreich. Von Österreich betroffen*, Wien 1990, S. 210f.

(26) 武井彩佳『戦後ドイツのユダヤ人』白水社、二〇〇五年、八一頁以下を参照。第二次世界大戦後に社会主義国となった東欧諸国では、相続人不在の財産はドイツ資産として国家の管理下におかれた後、国有化された。

(27) Gustav Jellinek, Die Geschichte der österreichischen Wiedergutmachung, in : Josef Fraenkel (ed.), *The Jews of Austria. Essays on their Life, History and Destruction*, London 1967, p. 395-426.

(28) SGBl., Jg. 1945, Nr. 13.

(29) それまで、ソ連占領地域以外での脱ナチ化は、それぞれの地域の占領軍政府の手によって進められた。元ナチの逮捕等、終戦直後から最も厳しい措置がとられたのはウィーンを含むソ連の占領地域である。そのため、元ナチは、措置が緩やかであった西部のアメリカ占領地域に向かって「避難」を企てた。Stiefel, a. a. O., S. 88f.

(30) Ebd., S. 93.

(31) 二人の職業裁判官と三人の参審員によって構成される。しかし、「国民」法廷の名とは矛盾して、素人裁判官は、判決に関しても量刑に関しても決定に参加することはできない。Ebd., S. 247f.

(32) Ebd., S. 97.

(33) BGBl., Jg. 1947, Nr. 25.

(34) *Berichte und Information*, Jg. 2, Heft Nr. 76, 10. Oktober 1947, S. 5.

(35) 元ナチの人数に関しては、Stiefel, a. a. O., S. 117. の表を参照。

(36) 独立者連合(Verband der Unabhängigen)は、一九五六年にオーストリア自由党として再編され、八〇年代後半以降は、外国人排斥等を唱える新右派政党となっていった。

(37) 一九四五年から五五年の廃止にいたるまで、国民法廷が扱った件数はオーストリア全体で一三万六八二九件で、うち判決が下ったのは二万三四七七件である。有罪が一万三六〇七件(五八%)、無罪が九八七〇件(四二%)であった。Stiefel, a. a. O., S. 255.

(38) BGBl., Jg. 1956, Nr. 25.

（39）全文は BGBl., Jg. 1955, Nr. 152.
（40）全文は BGBl., Jg. 1962, Nr. 283.
（41）ナチによって迫害され、殺害されたロマ、精神障害者、同性愛者等に対する補償は、長いあいだ論議されることすらなく、彼らは「忘れられた犠牲者」と言われた。ナチ時代のドイツの企業その他で強制労働に従事させられた者たちに対する補償が問題となるのは、一九九〇年代に入ってからである。

第二章 オーストリアの歴史政策

一 ヴァルトハイム事件

一九八六年オーストリア大統領選挙

戦後オーストリア政府は、加害国ドイツと犠牲国オーストリア、加害者ドイツ人と犠牲者オーストリア人を区別し、オーストリア人もまたナチの加害に加担した事実に対して口を閉ざしてきた。この歴史政策は、それに利益を見出す国民のあいだにも浸透する。フェッセル研究所によって実施された調査によれば、「個人的にあなたは、私たちはドイツ民族の一グループだと考えますか。それとも私たちは独自のオーストリア民族でしょうか」という質問に対し、オーストリア民族の存在を肯定した者は、一九五六年時点ではなお過半数に満たない四九%であった。これに対して四六%の者がドイツ民族への帰属を選択し、五%は答えを決めかねている。それが一九六四年になると、同様の調査で、オーストリア人を民族であると答えた者(四七%)とオーストリア人は徐々に民族と感じ始めているという回答(二三%)とを合わせて七〇%に達し、一九八〇年代後半には、その割合は九〇%を越えた(1)。

図21　クルト・ヴァルトハイム
（Bundesarchiv, Bild 183-M 0921-014/Spremberg, Joachim/CC-BY-SA, CC BY-SA 3.0 DE, via Wikimedia Commons）

オーストリアは、永世中立国としての国際的なイメージ造りにも成功する。ウィーンの北東、ドナウ川の向こう岸には、国際連合の重要諸機関の建物群を擁するウィーン国際センター（通称UNOシティ）があり、ウィーンは、ニューヨーク、ジュネーヴ、ナイロビと並ぶ国連の最も重要な都市の一つとなった。

そのオーストリアで起こったのが、ヴァルトハイムの一件である。

いまの日本に、第四代国連事務総長クルト・ヴァルトハイム（在任一九七二―一九八二）の名を記憶する人は、どのくらいいるだろうか。国連事務総長退任後、一九八六年五月のオーストリア大統領選挙で国民党が推す候補者となったヴァルトハイムは、事務総長時代、UNOシティの建設にも協力し、当時のオーストリアの国際的顔だった。ところが選挙戦のさなかに暴露された彼の過去は、ドイツの最初の餌食となった自由で民主的なオーストリア国家が持つもう一つの顔に国際的注目を集めることになる。すなわちヴァルトハイムがかつてナチの突撃隊員だったという事実が明らかにされ、さらに、第二次世界大戦中ドイツ国防軍の兵士として従軍した彼は、一九四一年一二月にソ連戦線で負傷した後、履歴上あたかも軍役を離れたかのように装っていたが、実際には四二年の春から終戦までバルカン戦線でドイツ国防軍の作戦参謀本部に将校として勤務していたことが暴露されたのだ。これについて戦後のヴァルトハイムは、いっさい沈黙していた。バルカン戦線で世界ユダヤ人会議[2]が関心を示したのは、彼が一九四三年のギリシアのテッサロニキからアウシュヴィッツへのユダヤ人の移送にかかわっていたのではないか、という疑惑である。ヴァルトハイムに対する疑惑は、連鎖的に、少なからぬオーストリア人がナチ党員となり、強制収容所の管理に携わっていたという記憶を甦らせた。

オーストリアは、ナチ・ドイツのホロコーストの共犯者ではないのか。

オーストリアの国内問題である大統領選挙に国外のユダヤ人団体によるヴァルトハイム批判が割り込んでくると、オーストリアの国民感情は、ユダヤ人に対する嫌悪と排外主義へと振れていった。彼の過去をめぐる疑惑が晴れないまま、国民はヴァルトハイムを選択する。ヴァルトハイムは五月四日の選挙では過半数票を獲得できなかったものの、六月八日の決選投票では五三・九％の票を得て社会党の候補者を制し、第六代オーストリア大統領の地位についた。[3]

過去に目を閉ざす者は

あるいは、まだ若い外国人の歴史研究者から「オーストリアには他の西欧諸国のどこよりも強く反ユダヤ主義が残存している」と批判されたことが、なおさら当時の外務大臣ペーター・ヤンコヴィッチュ（一九三三―）の癇にさわったのかもしれない。イギリスの歴史家ロバート・ナイト（一九五二―）の「ヴァルトハイム・コンテクスト――オーストリアとナチズム」が『ザ・タイムス』の『別冊文芸』に掲載されたのは、大統領選挙からまもなく、一九八六年一〇月三日のことである。[4]

ナイトによれば、オーストリアはドイツの犠牲者だというが、ナチ支配下のオーストリアで、普通の国民が日常的迫害にさらされていたわけではない。むしろ国民全体が、合邦がもたらした一定の経済的利益を享受した。オーストリア人はナチ党員になることを厭わず、他方で対ナチ抵抗運動は、国民から孤立して弱体であった。にもかかわらず戦後のオーストリア政府は、第二共和国建国の拠り所を一方的にナチの犠牲者にしてナチに対する抵抗者としてのオーストリアに求めたため、この立場とは矛盾する戦争中のオーストリア人のナチ・ドイツへの協力問題はタブー化され、社会の脱ナチ化も不徹底なものにとどまらざるをえなかった。このように述べるナイトは、オーストリアの国民意識のレベルにおける反ユダヤ主義の克服も、きわめて不十分だとする。

ナイトの主張に対して、いま私の手元にあるのは、それを「あきれかえるようなテーゼ」と見なしたヤンコヴィッチュが、一九八六年一一月二八日付けでオーストリア現代史の研究者オリファー・ラートコルプ氏(一九五五―)に送った書簡のコピーである(5)。

個人的に私は、ナイト氏がオーストリアの過去を、とりわけオーストリアの公的生活におけるナチズムと反ユダヤ主義の役割を分析したやり方は、きわめて憂慮すべきものであると考えます。というのも、このような叙述には、まったくあからさまに、第二共和国に対して根本的に別な評価を招きかねない新しいオーストリア像の核心が含まれているからです。

ヤンコヴィッチュは、ラートコルプ氏のほか、同じ書簡をゲルハルト・ボッツ(一九四一―)、エリカ・ヴァインツィール(一九二五―二〇一四)など一〇名の歴史家に送り、ナイトあるいはナイトの批判に代表されるオーストリア批判に対して逆批判の論陣を張るよう訴えた。これに対して、一二月一五日付けの返書でラートコルプ氏は、ナイトに不適切な言葉遣いがあることを認めながらも、実証に裏付けられた彼のテーゼを「あきれかえる」とは言えないとする。ナイトが主張していることは、ほかならぬボッツやヴァイインツィールもまた指摘してきたことだったからである。

このとき外務大臣ヤンコヴィッチュがなすべきことは、建国以来、オーストリア第二共和国が描き続けた犠牲と抵抗の自画像の擁護ではなく、もはやオーストリアが、これまでの一面的な自画像にしがみついてはいられなくなったことを認識することだっただろう。一九八五年の第二次世界大戦終結四〇周年記念日に、ドイツ大統領リヒャルト・フォン・ヴァイツゼッカー（一九二〇―二〇一五、在任一九八四―一九九四）は、過去がもたらした帰結にかかわっているドイツ人全員が過去に対する責任を負っており、「過去に目を閉ざす者は結局のところ現在にも盲目となる」と述べて国際的評価を得た。(6) ヴァルトハイムは、バルカン戦線にいた過去が暴露されると、最初はそれを否認し、証拠を突きつけられて否認しきれなくなると、今度は、自分の役割は補助的なものであり、国防軍兵士として義務をはたしただけ、と繰り返したが、このヴァルトハイムとヴァイツゼッカーのあいだにある落差は大きい。しかしながらヴァルトハイムの弁解は、彼個人の問題ではなく、当時のオーストリア人の共感を集めたのだ。

二　歴史政策の転換

謝罪なき補償

オーストリアが一九六一年のクロイツナハ条約で、西ドイツから取れるだけの金を取ったことは前章で述べた。このような経緯もあり、一九八六年のヴァルトハイム事件でオーストリアのもう一つの顔が暴露されたとき、溜飲を下げたドイツ人も少なくなかったといわれる。もちろんこれは、ドイツがとるべき態度ではなかったし、オーストリアの戦後補償の歩みを見れば、犠牲者オーストリアは、もう一方の加害者オーストリアが犯した過ちを償わなかったわけではなかったことがわかる。

しかし、すでに起こったことを、それが起こらなかった状態に戻すことはできない。迫害によって死亡した者は生き返らず、破壊された人生、破壊された健康、失われた財産は、いくら手厚い補償によっても元に戻すことはできない。そもそもナチ迫害によって生じた損害に対して、通常の民法上の損害賠償のように損害に見合った額で補償することは不可能である。西ドイツの連邦補償法においても、オーストリアの犠牲者援護法においても、補償は、発生した損害に対する一定程度の埋め合わせにすぎず、また同時に、経済的に困窮する迫害の犠牲者やその遺族に対する生活保護の意味を持つものである。

また、オーストリアにおける脱ナチ化は不徹底であったと批判されるが、オーストリアに限らず、完全な脱ナチ化もまた不可能である。脱ナチ化法によってナチ時代が存在しなかったことにすることはできず、元ナチの過去を洗い流して白紙に戻すこともできない。遅かれ早かれ元ナチの戦後社会への統合は、脱ナチ化法にはじめから織り込まれた結末でなければならなかった。そうであってみれば、ナチ迫害の犠牲者に対して償いきれないものを補うのは、補償に込められた精神ということになるだろう。そして、戦後オーストリアにおいて貧弱だったのは、補償の内容というより、その精神だった。

第二次世界大戦後の国際社会において、ドイツに対するまなざしにはきわめて厳しいものがあった。反ユダヤ主義の克服は、ドイツの民主化の程度をはかる一つの尺度と見なされ、ドイツには国際社会の監視の目が注がれたが、他方、オーストリアはドイツの陰に隠れて、とやかく言われることを免れてきた。犠牲者オーストリアの立場とは矛盾する過去の反ユダヤ主義の検証や、それを克服するための啓蒙的活動は、教育の場でも一般社会でも、積極的に行われることはなかった。それどころか、ナチ迫害の犠牲者によって繰り返された補償要求は、国民のあいだに、自分たちはユダヤ人の犠牲者であるという転倒した感情さえ発生させた。そのためヴァルトハイム事件後のナイトのようなオーストリア批判に対して、オーストリアは、義務をはたしただけと逃げるか、「あきれかえる」と切り捨てる以外に、過去の克服に関して自己を前向きに語りうる言葉を持たなかったのである。

ヴァルトハイム事件でオーストリアの対外的イメージが著しく傷つけられた後、その回復を目的として一九八八年、首相府は『特定の政治、信仰あるいは人種的出自による被迫害者のための一九四五年以後のオーストリア共和国の措置』と題する小冊子を発行した。そこで繰り返されたのも、相変わらず犠牲者オーストリアの立場である。

すなわち小冊子は、その前書きでモスクワ宣言等を踏まえつつ、オーストリアは「ヒトラーの侵略の最初の犠牲者」であったとし、さらに次のように述べる。

一九三八年一一月ポグロム五〇周年

しかし、この小冊子が発行された一九八八年は、合邦および一一月ポグロム五〇周年の節目の年にあたり、オーストリアにおいて本格的な過去の克服の取り組みが始まった年でもある。

オーストリアでは、第一共和国の建国に始まるオーストリアの現代史、とりわけ一九三三年の国民議会の閉鎖、一九三四年二月の武装蜂起と鎮圧、合邦から終戦にいたるまでの歴史は、社会党や国民党の現役の政治家や活動家にも、元ナチたちにも、その他多くの国民にとっても痛みを伴うがゆえに、誰もが深入りすることをためらう研究上の空白であった。当然ながらこの傾向は、近藤孝弘氏の詳細な分析によれば(8)、オーストリアの初等、中等教育における歴史教育で現代史の学習が占める比重の軽さに反映し、また一九三八年の合邦以降の歴史について、犠牲者オーストリアの立場と矛盾する事実は長らく教えられることがなかった。しかし一九八八年を境として、オーストリア現代史の研究や、オーストリアにおける過去の反ユダヤ主義を検証し、それを克服しようとする取り組みは、その量、質ともに充実しはじめる。歴史教育においても、一九八八年の教育課程の改正を踏まえた一九九〇年代の教科書では、合邦に対する当時のオーストリア国民の両義的な態度や、ユダヤ人に対する迫害の詳細が記述されるようになる。

以下は、日本でいえば高校で使用される歴史教科書の一冊『時代のすがた 8』(私の手元にあるのは二〇〇六年版)で、戦後オーストリアの脱ナチ化問題の関連資料として掲載された一九九一年のオーストリア首相フランツ・フラニツキ(一九三七―、在任一九八六―一九九七)の国会演説である。教科書の説明文の見出しは、「犠牲者だけではなく執行者でもあった」となっている。

オーストリアが一九三八年三月に恐ろしい結果を伴う軍事的侵略の犠牲になったことについては、議論の余地がありません。すなわち、ただちに開始された迫害によってわが国の数十万もの人々が監獄や強制収容所に送られ、ナチ体制の殺人マシンに引き渡され、また亡命や移住を余儀なくされました。〔中略〕しかしながら、合邦を歓迎し、ナチ体制を支持し、そのヒエラルキーの多くの部署でそれを支えたオーストリア人も大勢いたのです。多くのオーストリア人が、第三帝国の抑圧的措置や迫害に加担し、一部の者は重要な地位についてもいました。今日といえども、わが同胞たちの行為に対する道徳的共同責任を無視することはできません。〔中略〕私たちは、私たちの歴史のあらゆるデータを、善いことも悪いことも、私たちのあらゆる国民がしたことをそれとして認めます。そして私たちは、善き行いを私たちのものとして要求すると同時に、悪しき行いについては――生き抜かれた方々に、また死者の遺族の方々に対して――それを謝罪しなければなりません。(9)

この一九九一年の演説によって戦後オーストリア政府は、国民議会という公式の場ではじめてナチ迫害の犠牲者に対するオーストリアの責任を認め、謝罪したのだが、やはり遅すぎた感は否めない。

ここでは、一九八八年以降に遅まきながら始まったオーストリアにおける過去の克服の詳細には立ち入らないが、一点だけ紹介しておきたい。一九九〇年代のアメリカで、ナチ時代に人権侵害や強制労働に関与したドイツの企業に対して団体訴訟(クラス・アクション)の波が起こった。この訴訟は、強制労働に対する補償問題や、ナチによってあくどく収奪された財産の大きさに対してあらためて国際的関心を高めることになり、オーストリアでは一九九八年一〇月一日、歴史家委員会の設置が決定された。その目的は、一九三八年から一九四五年までに行われた財産、権利等のアーリア化あるいは剝奪の実態の調査、四五年以降に実施されたそれら財産・権利等の返還ないし補償の実態の調査であり、戦争中の強制労働の実態調査もこの委員会の任務とされた。委員会の委員には外国人の専門家も含まれ、ヤンコヴィッチュの癇に障ったナイトもその一人である。歴史家委員会の調査結果は、二〇〇三年二月にインターネット上で公表され、二〇〇四年末までに全三二巻(四九冊)として刊行された。[10] そのなかの数冊は本書執筆のさいに利用したが、こうした調査であらためて人々を唖然とさせたのは、ナチによる財産収奪のあくどさと、その額の大きさであった。

ナチによる剝奪財産の返還は、現在も終了してはいない。そのなかで、日本でも話題を集めたのは、グスタフ・クリムト(一八六二―一九一八)の名画「アデーレ・ブロッホ＝バウアーの肖像Ⅰ」(一九〇七年)と「アデーレ・ブロッホ＝バウアーの肖像Ⅱ」(一九一二年)の返還ではないだろうか。合邦後、ナチによりブロッホ＝バウアー家から没収された両絵画は、長らく旧ベルヴェデーレ宮殿内のオーストリア・ギャラリーに他のクリムトの絵画とともに展示されていた。特に「アデーレ・ブロッホ＝バウアーの肖像Ⅰ」は「黄金のアデーレ」と呼ばれ、この美術館で最も人気のある絵画の一つだった。私もベルヴェデーレでこの絵に見入った者の一人である。それが、オーストリア政府との長い法廷闘争の末、アメリカ在住の相続人に返還され、両絵画とも二〇〇六年に美術館から姿を消したのだ。はじめてこの絵画と対面したときの感激は忘れられず、クリムトの絵はウィーンで観てこそ、と思う人は

図22　アデーレ・ブロッホ＝バウアーの肖像Ⅰ
グスタフ・クリムト（Gustav Klimt）画

少なくあるまい。アデーレ（一九二五年没）は遺言で、夫の死後、この絵がオーストリアの美術館に寄贈されることを希望していた。その希望が実現されず、絵画の国外流出を招いたのはナチ・オーストリアの咎である。ベルヴェデーレから絵画が消えたことが衝撃的でなかったと言えばうそになるが、もはや当事者たちがこの世にいなくなっても、回復されるべき正義は回復されなければならないということだ。

　私事だが、年齢的にはかなり上ながら、二〇年来の友人になったユダヤ人の女性がいる。まさしく合邦の年、一九三八年にウィーンに生まれ、まもなく彼女の一家はアメリカに逃れることに成功したが、ウィーンの親戚の幾人かはホロコーストの犠牲になった。彼女自身はナチ迫害の直接の体験者ではないが、彼女には、どこか迫害のトラウマに付きまとわれているような、独特の精神的不安定さがある。ホロコーストのトラウマの第二世代への継承は、トラウマ研究ではよく知られたことだ。ウィーンで、ホロコースト第一世代へのインタヴューが年ごとに困難になるなか、彼女が聞かせてくれた両親や親戚の間接的な体験話は私にとって貴重だったが、オーストリアの戦後補償問題に関連して、彼女の嘆きは私の胸に深く残った。

「いまのオーストリアは私たちのためにいろいろしてくれるけど、遅かった。ナチのために惨めな思いをした両親たちは、いまのオーストリアを見ることなく、戦後も惨めな思いのまま死んでいった」。

（1）Ernst Bruckmüller, *Nation Österreich. Kulturelles Bewußtsein und gesellschaftlich-politische Prozesse*, 2. erg. u. erw. Aufl., Wien/Köln/Graz 1996, S. 61 u. S. 65.

（2）世界ユダヤ人会議は、一九三六年にスイスのジュネーヴで、各国のユダヤ人コミュニティや諸組織の国際的な連合として設立された。増大するナチの脅威を念頭におきつつ、ユダヤ人の政治的、経済的権利の平等のために闘うことを目的の一つとし、戦争中は、ユダヤ人難民の救出と援助に力を注いだ。戦後は、ヨーロッパにおけるユダヤ人コミュニティの再建に貢献するとともに、ユダヤ人のナチ迫害犠牲者に対する補償の請求を推進した。

（3）一九八七年四月二七日、アメリカの司法省と国務省はオーストリア大統領ヴァルトハイムを戦争犯罪容疑者と認定し、自国への入国を拒否する人物として入国監視リストに登録した。対応に苦慮したオーストリア政府は彼の潔白を証明するため、スイスの軍事史研究者、ハンス＝ルードルフ・クルツ（Hans-Rudolf Kurz, 一九一五―一九九〇）を委員長とする国際歴史家委員会を立ち上げる。委員会は九月一日から調査を開始し、翌年二月八日に二〇九頁からなる調査報告書を提出した。委員会の結論は、ヴァルトハイムは、バルカンにおける戦争犯罪に関して直接手を下した犯罪人ではないが、それらを十分に知り、その不法を認識しうる立場にあり、それゆえ不法に対する共同責任を免れない、というものであった。報告書が出た後もアメリカの対応は変わらず、ヴァルトハイムは旧連合国を中心に多くの国から入国を拒否されたため、外国への公式訪問はほとんど行わなかったが、一九九〇年の平成天皇の即位の礼では夫妻で来日した。

（4）Robert Knight, The Waldheim context: Austria and Nazism, in: *The Times Literary Supplement*, No. 4357, October 3rd, 1986, p. 1083–1084. ただし『ザ・タイムス』の表紙でのタイトルは Waldheim in Context–Austria and Nazism となっている。

（5）ヤンコヴィッチュの書簡とラートコルプ氏（二〇〇六年当時の肩書はウィーンのルートヴィヒ・ボルツマン研究所研究員）の返書については、二〇〇六–〇七年の在外研究中、ウィーン大学オーストリア史研究所正教授トーマス・ヴィンケルバウアー氏を介して、ラートコルプ氏御本人からコピーをいただいた。この場を借りて御両人に御礼を申し上げたい。

（6）一九八五年五月八日のヴァイツゼッカー大統領の演説は、永井清彦氏により邦訳されている。『荒れ野の四〇年』岩波ブックレット、一九八六年。

（7）Bundespressedienst（Hg.）, *Maßnahmen der Republik Österreich zugunsten bestimmter politisch, religiös oder abstammungsmäßig Verfolgter seit 1945*, Wien 1988, S. 5f. u. S. 23.

（8）近藤、前掲書（第Ⅲ部「はじめに」注（9））の第二章を見よ。

（9）Alois Scheucher u. a., *Zeitbilder 8*, Wien 2006, S. 11.

（10）*Veröffentlichung der Österreichischen Historikerkommission. Vermögensentzug während der NS-Zeit sowie Rückstellungen und Entschädigungen seit 1945 in Österreich*, Wien/München 2003–2004.

あとがき

『ウィーンのユダヤ人――一九世紀末からホロコースト前夜まで』(御茶の水書房、一九九九年)上梓後、本書でウィーンに戻るまで、二十数年の月日が流れた。個人の研究史に関心がよせられるのは、個の精神史が同時に普遍的意味をもちうる大学者のみだろう。それを承知しつつも、この二十数年間、研究職に身をおき続けた者として、怠けていたわけではないという弁解は必要かもしれない。

「ホロコースト前夜」後、当然ながらウィーンのホロコーストは、いつか、きっちり取り組むべき次なる研究課題と意識されてはいた。しかし、『ウィーンのユダヤ人』の中心テーマの一つは、第一次世界大戦中、ウィーンに流入したガリツィア・ユダヤ人難民問題であり、それを契機にまず関心をもったのは、ガリツィア現地のユダヤ人の社会史の方だった。そこで、中世ポーランドにおけるユダヤ人社会の形成に遡り、次いでオーストリア領時代からポーランド第二共和国時代のガリツィアへと調べを進め、最後にホロコーストの嵐のなかでユダヤ人社会が消滅するまでを追って行った。その過程で発見したのは、多民族の共生・相克関係のなかで展開する東欧のユダヤ人問題研究の「おもしろさ」である。結局、かつて多民族、多文化、多言語であった東欧社会の魅力にとりつかれ、二十数年間、ガリツィアからリトアニア、ラトヴィア、ルーマニア、ベラルーシと研究対象を広げながら、各地の近現代史と、ホロコーストにいたるまで、当地のユダヤ人の歴史とを一から勉強する作業を続けることになってしまった。

現地語に不自由な研究者による成果は不十分なものでしかありえないという批判は覚悟の上だが、それでも何とか最低限必要とされる文書館史料を用いて論文を書くことができたのは、体制転換後に各地の文書館の扉が開いて以後、ホロコーストに関して続々と文書館史料集が刊行されるようになったおかげである。また、社会主義時代とは異なり東欧でも、専門家のガイドでホロコーストの現場を見て歩くことができるようになり、出来事をよりリアルに想像できるようになったことがもつ意味も大きい。『ガリツィアのユダヤ人』を別として、ホロコーストをテーマとするものに限定すれば、研究成果は以下の通りである。


『ガリツィアのユダヤ人――ポーランド人とウクライナ人のはざまで』人文書院、二〇〇八年。

「自国史の検証――リトアニアにおけるホロコーストの記憶をめぐって」野村真理・弁納才一編『地域統合と人的移動――ヨーロッパと東アジアの歴史・現状・展望』御茶の水書房、二〇〇六年、所収。

「一九四一年リーガのユダヤ人とラトヴィア人――ラトヴィア人のホロコースト協力をめぐって」（前篇）・（後篇）『金沢大学経済論集』第三〇巻第一・二号、二〇〇九・一〇年。

「ホロコーストとルーマニア」（前篇）・（後篇）『金沢大学経済論集』第三六巻第一・二号、二〇一五・一六年。

「ミンスクのホロコースト――ユダヤ人抵抗運動の成果と限界」（前篇）・（後篇）『金沢大学経済論集』

第三九巻第一・二号、二〇一八・一九年。

ウィーンのホロコースト研究に着手したのは、ようやく二〇一一年に大学で一年間の研究休暇を認められ、長期のウィーン滞在が実現してからである。ウィーンのユダヤ教徒のゲマインデ文書は、第二次世界大戦後はイスラエルの文書館(Central Archives for the History of the Jewish People, Jerusalem)に移管され、エルサレムに行かなければ閲覧できなかった。しかし、二〇一一年にはすでにウィーンのゲマインデ附属文書館が仮開館して、マイクロフィルム化されたホロコースト期の文書の閲覧が可能になっており、このことも私の背中を押した。当時の仮閲覧室は薄暗い「物置」に等しく、片隅にマイクロフィルムのリーダーが一台置いてあるだけで、快適な研究環境というには程遠かったが。

さらにまた、ホロコーストは、第二次世界大戦中のナチ・ドイツ支配下のヨーロッパで起こった互いに連関しあう出来事の総体である。ウィーンやドイツのユダヤ人の東方移送がヘウムノ絶滅収容所の稼働と連動し、リーガやミンスクでは現地のユダヤ人の大量殺害を引き起こしたことは本書の第Ⅱ部第二章で述べた。ウィーンのホロコーストについて書く場合にも、ほかの地域で同時並行的に何が起こっているのか、みずから調べて知っていればこそ、記述に自信がもてた。それを考えれば二十数年間の「東欧放浪」は、私にとって本書刊行のために必要な予備学習でもあったと思う。

しかし、そうこうしているあいだに気がつけば、地域別の研究者集団で構成される日本の学会で、私はどこに所属するのか、わけのわからない者になってしまっていた。もとはドイツ近現代史研究から出発したのだが、ウィーンに研究対象を移した時点でドイツ史研究者とは見なされなくなり、対象をウィーンからガリツィアに移した時点でオーストリア史研究者とも見なされなくなった。かといって、東欧史研究者の仲間入りをしたかといえば、そのような身の程知らずのことは口が裂けても言えない。寄る辺なき身を自覚するユダヤ人の文筆家は、自身の境遇を表すのに、しばしばドイツ語で「heimatlos《ハイマートロース》（故郷喪失）」という言葉を使ったが、いまの私はそれに似ていなくもない。

では、研究において私は孤独だったかといえば、そうではない。むしろ逆である。国内外で、地域も、歴史や文学といった学問領域も横断し、身に余るほど立派な先達や友人に恵まれた。先達、友人たちの励ましや貴重な助言があってこそ、いまの私の研究があるのである。お世話になった方々すべてのお名前をあげれば、一ページや二ページではすまないだろう。

これまで私を支えてくださったみな様には、深く御礼を申し上げ、ここにお名前を書ききれない非礼をお詫びいたします。また、本書の編集を担当してくださった岩波書店の編集者、石橋聖名さんには、原稿をていねいに読んでいただき、ご指摘を得て書き直したところも数多くあります。本書は、始めから終わりまで石橋さんが伴走してくださったからこそ完成することができました。厚く御礼申し上げます。

二〇二三年九月一三日

野村真理

野村真理
1953年生．一橋大学にて博士（社会学）取得．金沢大学名誉教授．専門は，社会思想史・ヨーロッパ近現代史．著書に『西欧とユダヤのはざま――近代ドイツ・ユダヤ人問題』（南窓社，1992年），『ウィーンのユダヤ人――19世紀末からホロコースト前夜まで』（御茶の水書房，1999年／日本学士院賞受賞），『ガリツィアのユダヤ人――ポーランド人とウクライナ人のはざまで』（人文書院，2008年／新装版2022年），『ホロコースト後のユダヤ人――約束の土地は何処か』（世界思想社，2012年），『隣人が敵国人になる日――第一次世界大戦と東中欧の諸民族』（人文書院，2013年）など．訳書に，メンデル・ノイグレッシェル『イディッシュのウィーン』（松籟社，1997年），共訳書に，ヤヌシュ・コルチャク『コルチャク　ゲットー日記』（田中壮泰・菅原祥・佐々木ボグナ監訳，みすず書房，2023年）など．

ウィーン　ユダヤ人が消えた街
―オーストリアのホロコースト

2023年11月14日　第1刷発行

著　者　野村真理《のむらまり》

発行者　坂本政謙

発行所　株式会社　岩波書店
〒101-8002 東京都千代田区一ツ橋2-5-5
電話案内 03-5210-4000
https://www.iwanami.co.jp/

印刷・法令印刷　カバー・半七印刷　製本・牧製本

ISBN 978-4-00-022245-7　　Printed in Japan

人名索引

【サ　行】

【タ・ナ　行】

【ハ 行】

【マ　行】

【ヤ　行】

【ラ　行】

次のこともまた重要であると思われる。すなわち一九五五年五月の国家条約交渉において、調印に臨んだ四連合国はすべて、オーストリアのいわゆる「共同責任条項」の削除に同意したのである。このことこそ、オーストリアが、ナチ体制の政治、信仰あるいは人種的出自による被迫害者に対する不法行為の補償に関して、原則的には義務を負うことができない理由である。というのも、国際法の一般原則によれば、不法は、それを引き起こした者によって償われるべきだからである。オーストリアはまた、旧ドイツ帝国の法的継承国でもない。

しかしながらオーストリアは、国民社会主義の被迫害者に対して加えられた重大な不法と苦しみに鑑みて、かつての被迫害者の運命を緩和するため、ナチの権力によって剝奪された財産の返還のみならず、財政的な給付を引き受け、またその他の法的措置を講じることを道徳的義務であると見なした(7)。

前書きに続いて小冊子は、返還法や、改正に改正を重ねられた犠牲者援護法、国外の犠牲者に対する援助基金など、オーストリアが実施してきた戦後補償の成果を列挙し、その上で、こうして補償を行ったすべての損害に対してオーストリアには責任がないことを考えれば、オーストリアの措置は不十分とは言えないとする。そして最後に、補償の受給者の圧倒的多数はユダヤ人であったことを強調して小冊子を締めくくっている。犠牲者に対する謝罪の言葉はない。

主要文献目録

この目録に収められているのは，本書を執筆するにあたって引用あるいは参考にした主な文献である．同時代文献および研究文献については，本書で引用したものを除き，拙著『ウィーンのユダヤ人――19世紀末からホロコースト前夜まで』(御茶の水書房，1999年)の文献目録との重複をできるだけ避け，研究文献については，刊行年が比較的新しいものを収録するにとどめた．文献の版や出版年は，原則的に本書で使用した文献のものを記した．

1．文書館史料

Archiv der Bundespolizeidirektion Wien

Central Zionist Archives, Jerusalem

Dokumentationsarchiv des österreichischen Widerstandes, Wien, Archiv

Israelitische Kultusgemeinde Wien, Archiv

Wiener Stadt- und Landesarchiv

Yad Vashem Archiv, Jerusalem

2．文書館史料集

Behrend-Rosenfeld, Else u. Gertrud Luckner (Hg.), *Lebenszeichen aus Piaski. Briefe Deportierter aus dem Distrikt Lublin 1940-1943*, München 1970.

Dokument o konferencji w urzędzie policji bezpieczeństwa z 21 września 1939 r., in: *Biuletyn Żydowskiego Instytutu Historycznego*, 1964, H. 1 (49).

Dokumentationsarchiv des österreichischen Widerstandes (Hg.), *Widerstand und Verfolgung in Wien 1934-1945. Eine Dokumentation*, Bd. 3, 2. Aufl., Wien 1984.

Dokumentationsarchiv des österreichischen Widerstandes (Hg.), *„Anschluß" 1938. Eine Dokumentation*, Wien 1988.

Dokumentationsarchiv des österreichischen Widerstandes (Hg.), *Jüdische Schicksale. Berichte von Verfolgten*, Wien 1992.

Kulka, Otto Dov u. Eberhard Jäckel (Hg.), *Die Juden in den geheimen NS-Stimmungsberichten 1933-1945*, Düsseldorf 2004.

Safrian, Hans u. Hans Witek, *Und keiner war dabei. Dokumente des alltäglichen Antisemitismus in Wien 1938*, Wien 1988.

Die Verfolgung und Ermordung der europäischen Juden durch das nationalsozialis-

tische Deutschland 1933–1945, Bd. 2, bearbeitet von Susanne Heim, München 2009.

Die Verfolgung und Ermordung der europäischen Juden durch das nationalsozialistische Deutschland 1933–1945, Bd. 3, bearbeitet von Andrea Löw, München 2012.

Die Verfolgung und Ermordung der europäischen Juden durch das nationalsozialistische Deutschland 1933–1945, Bd. 4, bearbeitet von Klaus-Peter Friedrich, München 2011.

Die Verfolgung und Ermordung der europäischen Juden durch das nationalsozialistische Deutschland 1933–1945, Bd. 6, bearbeitet von Susanne Heim, Berlin/Boston 2019.

3. 同時代定期刊行物

Der Abend

Aufbau

Berichte und Information

Dr. Bloch's Wochenschrift

ISKULT Presse Nachrichten

Jüdische Zeitung

Neue Freie Presse

Der neue Weg

Reichspost

Die Stimme

Volkswohl. Christlich=soziale Monatsschrift

Die Wahrheit

Wiener Morgenzeitung

4. 外国語文献(同時代文献を含む)

Adler-Rudel, S., *Jüdische Selbsthilfe unter dem Naziregime 1933–1939. Im Spiegel der Berichte der Reichsvertretung der Juden in Deutschland*, Tübingen 1974.

Adunka, Evelyn, *Die vierte Gemeinde: die Geschichte der Wiener Juden von 1945 bis heute*, Berlin/Wien 2000.

Anderl, Gabriele u. Dirk Rupnow, *Die Zentralstelle für jüdische Auswanderung als Beraubungsinstitution*, Wien/München 2004.

Anthony, Elizabeth, *The Compromise of Return. Viennese Jews after the Holocaust*,

Detroit 2021.

Arendt, Hanna u. Gershom Scholem, Ein Briefwechsel über Hannah Arendts Buch «Eichmann in Jerusalem», in: *Neue Zürcher Zeitung*, Fernausgabe, Nr. 287, 19. Oktober 1963.

Arendt, Hannah, *Eichmann in Jerusalem*, revised and enlarged edition, New York 1976（ハンナ・アーレント『イェルサレムのアイヒマン――悪の陳腐さについての報告』大久保和郎訳，みすず書房，1968年）.

Arendt, Hannah u. Gershom Scholem, *Der Briefwechsel*, hrsg. von Marie Luise Knott, Berlin 2010（マリー・ルイーズ・クノット編『アーレント＝ショーレム往復書簡』細見和之・大形綾・関口彩乃・橋本紘樹訳，岩波書店，2019年）.

Bailer, Brigitte, *Wiedergutmachung kein Thema. Österreich und die Opfer des Nationalsozialismus*, Wien 1993.

Beilagen zu den stenographischen Protokollen der provisorischen Nationalversammlung für Deutschösterreich 1918 und 1919, Bd. 1, Wien 1919.

Berchtold, Klaus（Hg.）, *Österreichische Parteiprogramme 1868–1966*, München 1967.

Bericht der Israelitischen Kultusgemeinde Wien über die Tätigkeit in der Periode 1925–1928.

Bericht der Israelitischen Kultusgemeinde Wien über die Tätigkeit in der Periode 1929–1932.

Bericht des Präsidiums und des Vorstandes der Israelitischen Kultusgemeinde Wien über die Tätigkeit in den Jahren 1933–1936.

Bericht des Präsidiums der Israelitischen Kultusgemeinde Wien über die Tätigkeit in den Jahren 1945–1948.

Botz, Gerhard, *Wohnungspolitik und Judendeportation in Wien 1938 bis 1945: zur Funktion des Antisemitismus als Ersatz nationalsozialistischer Sozialpolitik*, Wien/Salzburg 1975.

Brenner, Michael and Derek J. Penslar（eds.）, *In Search of Jewish Community. Jewish Identities in Germany and Austria 1918–1933*, Bloomington/Indianapolis 1998.

Bretholz, Wolfgang, Oesterreich hungert, friert und wartet, in: *Aufbau*, Vol. 13, Nr. 12, 21. März 1947.

Brill, David, Oesterreichs Juden verlangen ihr Recht, in: *Aufbau*, Vol. 12, Nr. 28, 12. Juli 1946.

Brott, Yehuda（Juda Weissbrod）, „Die Österreicher waren ärger als die

Deutschen...“, in: Adi Wimmer (Hg.), *Die Heimat wurde ihnen fremd, die Fremde nicht zur Heimat. Erinnerungen österreichischer Juden aus dem Exil*, Wien 1993.

Bruckmüller, Ernst, *Nation Österreich. Kulturelles Bewußtsein und gesellschaftlich-politische Prozesse*, 2. erg. u. erw. Aufl., Wien/Köln/Graz 1996.

Bukey, Evan Burr, *Hitler's Austria. Popular Sentiment in the Nazi Era 1938–1945*, Chapel Hill/London 2000.

Bundesgesetzblatt für die Republik Österreich.

Bundespressedienst (Hg.), *Maßnahmen der Republik Österreich zugunsten bestimmter politisch, religiös oder abstammungsmäßig Verfolgter seit 1945*, Wien 1988.

Clare, George, *Last Waltz in Vienna. The Destruction of a Family 1842–1942*, London 1981(ジョージ・クレア『ウィーン 最後のワルツ』兼武進訳, 新潮社, 1992年).

Dollfuß, Engelbert, „Fremdländer“=Frage in der Wiener Universität, in: *Reichspost*, 24. September 1920.

Embacher, Helga, *Neubeginn ohne Illusionen. Juden in Österreich nach 1945*, Wien 1995.

Enderle-Burcel, Gertrude u. Ilse Reiter-Zatloukal (Hg.), *Antisemitismus in Österreich 1933–1938*, Wien/Köln/Weimar 2018.

Feilchenfeld, Werner, Dolf Michaelis u. Ludwig Pinner, *Haavara-Transfer nach Palästina und Einwanderung deutscher Juden 1933–1939*, Tübingen 1972.

Fraenkel, Josef (ed.), *The Jews of Austria. Essays on their Life, History and Destruction*, London 1967.

Frei, Bruno, *Jüdisches Elend in Wien*, Wien/Berlin 1920.

Friedlander, Henry, The Deportation of the German Jews. Post-War German Trials of Nazi Criminals, in: *Leo Baeck Institute Yearbook*, XXIX, 1984.

Gedye, G. E. R., *Fallen Bastions. The Central European Tragedy*, London 1939.

Genée, Pierre u. Gabriele Anderl, Wer war Dr. Benjamin Murmelstein? in: *David*, Jg. 10, Nr. 38, September 1989.

Genschel, Helmut, *Die Verdrängung der Juden aus der Wirtschaft im Dritten Reich*, Göttingen/Berlin/Frankfurt/Zürich 1966.

Die Geschichte der *II.* Republik erzährt von Dr. Heinz Fischer, Radio Österreich 1, 1999.

Goldhammer, Leo, *Die Juden Wiens. Eine statistische Studie*, Wien/Leipzig 1927.

Gruenberg, Lisa, *My City of Dream*, Cambridge, Massachusetts 2019.

Hänisch, Dirk, *Die österreichischen NSDAP-Wähler. Eine empirische Analyse ihrer politischen Herkunft und ihres Sozialprofils*, Wien/Köln/Weimar 1998.

Hecht, Dieter J., Michaela Raggam-Blesch u. Heidemarie Uhl (Hg.), *Letzte Orte. Die Wiener Sammellager und die Deportationen 1941/42*, Wien/Berlin 2019.

Höbelt, Lothar, *Die Erste Republik Österreich (1918–1938). Das Provisorium*, Wien/Köln/Weimar 2018.

Hofreiter, Gerda, *Allein in die Fremde. Kindertransporte von Österreich nach Frankreich, Großbritannien und in die USA 1938–1941*, Innsbruck 2010.

Jellinek, Gustav, Die Geschichte der österreichischen Wiedergutmachung, in: Josef Fraenkel (ed.), *The Jews of Austria. Essays on their Life, History and Destruction*, London 1967.

Kapralik, Charles J., Erinnerungen eines Beamten der Wiener Israelitischen Kultusgemeinde 1938/39, in: *Bulletin des Leo Baeck Instituts*, Nr. 58, 1981.

Kein Priester der Nächstenliebe, in: *Die Wahrheit*, 3. Februar 1933.

Kleindel, Walter, *Österreich. Daten zur Geschichte und Kultur*, Wien 1995.

Kleinszig, Carmen, Vom deutschen Gehilfenverein zur DNSAP. Die Entwicklung einer Partei im Überblick, in: *Beiträge zur Rechtsgeschichte Österreichs*, Jg. 10, Heft 1, 2020.

Knight, Robert, The Waldheim context: Austria and Nazism, in: *The Times Literary Supplement*, No. 4357, October 3rd, 1986.

Knight, Robert (Hg.), *„Ich bin dafür, die Sache in die Länge zu ziehen." Die Wortprotokolle der österreichischen Bundesregierung von 1945 bis 1952 über die Entschädigung der Juden*, Wien/Köln/Weimar 2000.

Kriechbaumer, Robert, *Die großen Erzählungen der Politik. Politische Kultur und Parteien in Österreich von der Jahrhundertwende bis 1945*, Wien/Köln/Weimar 2001.

Kustatscher, Erika, *„Berufsstand" oder „Stand"? Ein politischer Schlüsselbegriff im Österreich der Zwischenkriegszeit*, Wien/Köln/Weimar 2016.

Lanzmann, Claude, *Der Letzte der Ungerechten*, Reinbek bei Hamburg 2017.

Lichtblau, Albert (Hg.), *Als hätten wir dazugehört. Österreich-Jüdische Lebensgeschichten aus der Habsburgermonarchie*, Wien/Köln/Weimar 1999.

Maderegger, Sylvia, *Die Juden im österreichischen Ständestaat 1934–1938*, Wien/Salzburg 1973.

Meyer, Beate, *Tödliche Gratwanderung. Die Reichsvereinigung der Juden in*

Deutschland zwischen Hoffnung, Zwang, Selbstbehauptung und Verstrickung (1939–1945), Göttingen 2011.

Moser, Jonny, *Demographie der jüdischen Bevölkerung Österreichs 1938–1945*, Wien 1999.

Moser, Jonny, *Nisko. Die ersten Judendeportationen*, Wien 2012.

Murmelstein, B., Das Ende von Theresienstadt. Stellungnahme eines Beteiligten, in: *Neue Zürcher Zeitung*, Fernausgabe, Nr. 346, 17. Dezember 1963.

Murmelstein, Benjamin, *Theresienstadt. Eichmanns Vorzeige-Ghetto*, aus dem Italienischen von Karin Fleischanderl, hrsg. von Ruth Pleyer u. Alfred J. Noll, Wien 2014.

Der Novemberpogrom 1938. 116. Sonderausstellung des Historischen Museums der Stadt Wien, Wien 1988.

Offenberger, Ilana Fritz, *The Jews of Nazi Vienna, 1938–1945. Rescue and Destruction*, Cham, Switzerland 2017.

Pauley, Bruce F., *Eine Geschichte des österreichischen Antisemitismus. Von der Ausgrenzung zur Auslöschung*, Wien 1993.

Pelinka, Anton, *Die gescheiterte Republik. Kultur und Politik in Österreich 1918–1938*, Wien/Köln/Weimar 2017.

Rabinovici, Doron, *Instanzen der Ohnmacht. Wien 1938–1945. Der Weg zum Judenrat*, Frankfurt a. M. 2000.

Rauchensteiner, Manfried, *Der Tod des Doppeladlers. Österreich-Ungarn und der Erste Weltkrieg*, Graz 1993.

Reiter-Zatloukal, Ilse, Christiane Rothländer u. Pia Schölnberger (Hg.), *Österreich 1933–1938. Interdisziplinäre Annäherungen an das Dollfuß-/Schuschnigg-Regime*, Wien/Köln/Weimar 2012.

Rosenkranz, Herbert, *Verfolgung und Selbstbehauptung. Die Juden in Österreich 1938–1945*, Wien/München 1978.

Rozenblit, Marsha L., *The Jews of Vinna 1867・1914. Assimilation and Identity*, Albany 1983.

Rozenblit, M. L., The Crisis of Identity in the Austrian Republic, in: Michael Brenner and Derek J. Penslar (eds.), *In Search of Jewish Community. Jewish Identities in Germany and Austria 1918–1933*, Bloomington/Indianapolis 1998.

Scheucher, Alois u. a., *Zeitbilder 8*, Wien 2006.

Schmerz, Usiel O., Die demographische Entwicklung der Juden in Deutschland von der Mitte des 19. Jahrhunderts bis 1933, in: *Zeitschrift für Bevölkerungswis-*

senschaft, Jg. 8, Nr. 1, 1982.

Schreiber, Heinrich, Die Juden und der Deutschösterreichische Staat, in: *Dr. Bloch's Wochenschrift*, 25. Oktober 1918.

Schwechler, Karl, Aus der Entwicklungsgeschichte der christlich=sozialen Partei, in: *Volkswohl. Christlich=soziale Monatsschrift*, Jg. 9, Heft 11/12, 1918.

Simon, Walter B., The Jewish Vote in Austria, in: *Leo Baeck Institute Yearbook*, XVI, 1971.

Sperber, Manès, *Die Wasserträger Gottes*, Wien 1974（マネス・シュペルバー『すべて過ぎ去りしこと……』鈴木隆雄・藤井忠訳，水声社，1998 年）.

Staatsgesetzblatt für die Republik Österreich.

Stachowitsch, Saskia, u. Eva Kreisky（Hg.）, *Jüdische Identitäten und antisemitische Politiken im österreichischen Parlament 1861–1933*, Wien/Köln/Weimar 2017.

Stenographische Protokolle über die Sitzung der konstituierenden Nationalversammlung der Republik Österreich 1919 und 1920, Bd. 2, Wein 1919/1920.

Stern, Frank u. Barbara Eichinger（Hg.）, *Wien und die jüdische Erfahrung 1900–1938. Akkulturation–Antisemitismus–Zionismus*, Wien/Köln/Weimar 2009.

Sternfeld, Albert, *Betrifft: Österreich. Von Österreich betroffen*, Wien 1990.

Stiefel, Dieter, *Entnazifizierung in Österreich*, Wien/München/Zürich 1981.

Stourzh, Gerald, *Geschichte des Staatsvertrages 1945–1955. Österreichs Weg zur Neutralität*, Graz/Wien/Köln 1985.

Strauss, Herbert A., Jewish Emigration from Germany（I）, in: *Leo Baeck Institute Yearbook*, XXV, 1980.

Strauss, Herbert A., Jewish Emigration from Germany（II）, in: *Leo Baeck Institute Yearbook*, XXVI, 1981.

Tálos, Emmerich u. a.（Hg.）, *NS-Herrschaft in Österreich. Ein Handbuch*, Wien 2000.

Taschwer, Klaus, *Hochburg des Antisemitismus. Der Niedergang der Universität Wien im 20. Jahrhundert*, Wien 2015.

Die Tätigkeit der Israelitischen Kultusgemeinde Wien in den Jahren 1952 bis 1954.

Tietze, Hans, *Die Juden Wiens. Geschichte, Wirtschaft, Kultur*, Nachdruck von der ersten Ausgabe 1933, Wien 1987.

Tomaschek, Eduard, *Das Opferfürsorgegesetz*, Wien 1950.

Unser Fürsorge Werk. Mitteilungen der Israelitischen Kultusgemeinde Wien, Nr. 2（Mai 1931）.

Unser Fürsorge Werk. Mitteilungen der Israelitischen Kultusgemeinde Wien, Nr. 6

(Juli 1932).

Varon, Benno Weiser, „Die Herrenknochen der Herrenrasse krachten wie alle anderen Knochen...“, in: Adi Wimmer (Hg.), *Die Heimat wurde ihnen fremd, die Fremde nicht zur Heimat. Erinnerungen österreichischer Juden aus dem Exil*, Wien 1993.

Venus, Theodor u. Alexandra-Eileen Wenck, *Die Entziehung jüdischen Vermögens im Rahmen der Aktion Gildemeester*, Wien/München 2004.

Veröffentlichung der Österreichischen Historikerkommission. Vermögensentzug während der NS-Zeit sowie Rückstellungen und Entschädigungen seit 1945 in Österreich, Wien/München 2003-2004.

Wasserman, Janek, *Black Vienna. The Radical Right in the Red City, 1918-1938*, Ithaca/London 2014.

Weinzierl, Erika u. Otto D. Kulka (Hg.), *Vertreibung und Neubeginn. Israelitische Bürger österreichischer Herkunft*, Wien/Köln/Weimar 1992.

Wilder-Okladek, F., *The Return Movement of Jews to Austria after the Second World War*, The Hague 1969.

Wimmer, Adi (Hg.), *Die Heimat wurde ihnen fremd, die Fremde nicht zur Heimat. Erinnerungen österreichischer Juden aus dem Exil*, Wien 1993.

Witek, Hans, „Arisierungen“ in Wien, in: Emmerich Tálos u. a. (Hg.), *NS-Herrschaft in Österreich. Ein Handbuch*, Wien 2000.

Zernatto, Guido, *Die Wahrheit über Österreich*, vollständige Neuausgabe, hrsg. v. Karl-Maria Guth, Berlin 2016.

Zweig, Stefan, *Die Welt von Gestern*, Frankfurt a. M. 1952(シュテファン・ツヴァイク『昨日の世界』原田義人訳，全2冊，みすず書房，1973年).

5. 日本語文献

石田勇治『過去の克服――ヒトラー後のドイツ』白水社，2002年.

ヴァイツゼッカー，リヒャルト・フォン『荒れ野の40年』永井清彦訳，岩波ブックレット，1986年.

大津留厚「ウィーンにおけるチェコ系学校の「戦後」――「民族の平等」と「少数民族保護」のはざまで」大津留厚編『「民族自決」という幻影――ハプスブルク帝国の崩壊と新生諸国家の成立』昭和堂，2020年.

栗原優『ナチズムとユダヤ人絶滅政策――ホロコーストの起源と実態』ミネルヴァ書房，1997年.

近藤孝弘『自国史の行方――オーストリアの歴史政策』名古屋大学出版会，

2001年.
芝健介『ホロコースト――ナチスによるユダヤ人大量殺戮の全貌』中公新書, 2008年.
シュタングネト, ベッティーナ『エルサレム〈以前〉のアイヒマン――大量殺戮者の平穏な生活』香月恵里訳, みすず書房, 2021年.
武井彩佳『戦後ドイツのユダヤ人』白水社, 2005年.
武井彩佳『ユダヤ人財産はだれのものか――ホロコーストからパレスチナ問題へ』白水社, 2008年.
武井彩佳『〈和解〉のリアルポリティクス――ドイツ人とユダヤ人』みすず書房, 2017年.
永岑三千輝『独ソ戦とホロコースト』日本経済評論社, 2001年.
永岑三千輝『ホロコーストの力学――独ソ戦・世界大戦・総力戦の弁証法』青木書店, 2003年.
永岑三千輝「独ソ戦・世界大戦とドイツ・西欧ユダヤ人の東方追放――「ユダヤ人問題最終解決」累進的急進化の力学」『横浜市立大学論叢』人文科学系列, 第74巻第1号, 2023年.
ノイグレッシェル, メンデル『イディッシュのウィーン』野村真理訳, 松籟社, 1997年.
野村真理『ウィーンのユダヤ人――19世紀末からホロコースト前夜まで』御茶の水書房, 1999年.
野村真理「1941年リーガのユダヤ人とラトヴィア人――ラトヴィア人のホロコースト協力をめぐって」(前篇)・(後篇)『金沢大学経済論集』第30巻第1・2号, 2009・2010年.
野村真理『ホロコースト後のユダヤ人――約束の土地は何処か』世界思想社, 2012年.
野村真理「ホロコーストとルーマニア」(前篇)・(後篇)『金沢大学経済論集』第36巻第1・2号, 2015・2016年.
野村真理「ミンスクのホロコースト――ユダヤ人抵抗運動の成果と限界」(前篇)・(後篇)『金沢大学経済論集』第39巻第1・2号, 2018・2019年.
野村真理「近代ヨーロッパとユダヤ人」木畑洋一・安村直己(責任編集)『岩波講座 世界歴史』第16巻, 岩波書店, 2023年, 所収.
ピオ[ピウス]十一世『クアドラゼジモ・アンノ――社会秩序の再建』〈回勅シリーズ〉, 岳野慶作訳解, 中央出版社, 1966年.
ヘルベルト, ウルリヒ『第三帝国――ある独裁の歴史』小野寺拓也訳, 角川新書, 2021年.

ホフマン，ライナー「戦争被害者に対する補償――1949 年以降のドイツの実行と現在の展開」山手治之訳，『立命館法学』306 号，2006 年.
増谷英樹『ビラの中の革命――ウィーン・1848 年』東京大学出版会，1987 年.
水野博子『戦後オーストリアにおける犠牲者ナショナリズム――戦争とナチズムの記憶をめぐって』ミネルヴァ書房，2020 年.
村松惠二『カトリック政治思想とファシズム』創文社，2006 年.
矢田俊隆『オーストリア現代史の教訓』刀水書房，1995 年.
山田敏之「ドイツの補償制度」，国会図書館調査立法考査局『外国の立法』第 34 巻 3・4 合併号，1996 年.
山本達夫『ナチスとユダヤ企業――経済の脱ユダヤ化と水晶の夜』勉誠出版，2022 年.
レオ十三世『レールム・ノヴァルム――労働者の境遇』〈回勅シリーズ〉，岳野慶作訳解，中央出版社，1961 年.
ロート，ヨーゼフ『放浪のユダヤ人』平田達治・吉田仙太郎訳，法政大学出版局，1984 年.